国家物流与供应链系列报告

2020 中国物流平台发展报告

中国物流与采购联合会　编著

中国财富出版社有限公司

图书在版编目（CIP）数据

2020 中国物流平台发展报告 / 中国物流与采购联合会编著 .—北京：中国财富出版社有限公司，2021. 3

（国家物流与供应链系列报告）

ISBN 978 - 7 - 5047 - 7396 - 8

Ⅰ. ①2…　Ⅱ. ①中…　Ⅲ. ①物流 - 经济发展 - 研究报告 - 中国 - 2020　Ⅳ. ①F259. 22

中国版本图书馆 CIP 数据核字（2021）第 051086 号

策划编辑 王　靖　　**责任编辑** 邢有涛　晏　青
责任印制 梁　凡　　**责任校对** 杨小静　　**责任发行** 敬　东

出版发行	中国财富出版社有限公司		
社　　址	北京市丰台区南四环西路 188 号 5 区 20 楼	**邮政编码**	100070
电　　话	010 - 52227588 转 2098（发行部）		010 - 52227588 转 321（总编室）
	010 - 52227588 转 100（读者服务部）		010 - 52227588 转 305（质检部）
网　　址	http://www. cfpress. com. cn	**排　　版**	宝蕾元
经　　销	新华书店	**印　　刷**	天津市仁浩印刷有限公司
书　　号	ISBN 978 - 7 - 5047 - 7396 - 8/F · 3255		
开　　本	787mm × 1092mm　1/16	**版　　次**	2021 年 3 月第 1 版
印　　张	11. 75	**印　　次**	2021 年 3 月第 1 次印刷
字　　数	237 千字	**定　　价**	128. 00 元

《2020 中国物流平台发展报告》

编 委 会

《2020 中国物流平台发展报告》

特约撰稿人

戴定一　中国物流与采购联合会专家委员会主任

刘新兴　国家税务总局安徽省税务局资源环境税处二级调研员

冯　雷　合肥维天运通信息科技股份有限公司

折大伟　西安货达网络科技有限公司

居懿熙　物泊科技有限公司

张　飞　物泊科技有限公司

张　涛　山西快成物流科技有限公司

武　涛　山西快成物流科技有限公司

史佳琦　山西快成物流科技有限公司

张　锐　普华永道中国内地及香港物流行业交易服务主管合伙人

侯海云　鞍山钢铁集团有限公司

张丽莉　德邻陆港（鞍山）有限责任公司

郭　斌　福建好运联联信息科技有限公司

刘泽平　福建好运联联信息科技有限公司

李长宏　铁龙物流

景睿思　大连海事大学

李成才　中交兴路

方　艳　上海万位数字技术有限公司

杨叶龙　好多车

高啸宇　中储京科供应链管理有限公司

高倩茹　北京汇通天下物联科技有限公司

《2020 中国物流平台发展报告》

编辑人员

主　　编：晏庆华

主要成员：王卫军、郑易非、金妲颖

联系方式：中国物流与采购联合会物流信息服务平台分会

地　　址：北京市丰台区双营路 9 号亿达丽泽中心 3 层 317

电　　话：010－83775696/83775698

序

国务院办公厅印发的《国务院办公厅关于以新业态新模式引领新型消费加快发展的意见》中指出，要建立健全“互联网＋服务”，加快传统线下业态数字化改造和转型升级。在物流行业中，物流平台是落实“互联网＋”发展的重要模式，对推动行业新旧动能转化、规范行业秩序、促进物流业降本增效起到积极作用。此外，2020 年是《网络平台道路货物运输经营管理暂行办法》实施元年，全国已有近 500 家企业申请了网络货运经营资质，网络货运业态的蓬勃发展标志着我国物流平台的发展进入了崭新的阶段，实现了从“信息服务”向“交易服务”的跨越式飞跃。在此背景下，中国物流与采购联合会将继续出版《中国物流平台发展报告》，深入剖析我国物流平台的发展规律，对物流平台领域的发展进行系统性、专业性的回顾与总结，同时对平台的未来进行展望。

《2020 中国物流平台发展报告》共分为三个部分。第一部分为行业报告，共计 3 篇，其中物流信息服务平台发展报告对行业整体运行情况、政策发展、平台运营及业务模式、平台领域投融资情况以及行业整体进行展望。物流与供应链领域信息化发展报告以行业信息化发展历程为切入点，阐述物流平台在行业信息化发展历程中的作用和意义。此外，特别针对网络货运平台，以中国物流与采购联合会物流信息服务平台分会（以下简称“平台分会”）开展的网络货运平台企业评估工作为基础，剖析新业态发展模式和未来趋势。

第二部分为专题报告，共计 4 篇，从行业发展的角度对钢铁物流服务平台、大宗商品物流市场、物流行业并购交易等细分领域进行回顾与展望。报告从政策文件、市场规模、运营模式、技术革新、未来趋势等方面进行重点政策解读、数据统计分析及典型案例解析。

第三部分为特约报告，共计 12 篇，从企业应用或个人思考的角度，分享企业在实践过程中取得的经验与发现的问题以及针对现有问题的思考，主要内容涉及网络货运平台、多式联运平台、平台信用、主动安全、税务等多个领域，为广大物流平台从业者提供参考。

平台分会自 2019 年开始组织物流平台专业领域发展报告的出版，得到了业界的广泛好评。今后也将继续坚持本项工作，希望通过报告征集和出版的方式为企业搭建交流平台，探究行业信息化发展规律，引导企业认知与思考。并且，报告的出版，能为企业在平台化转型中提供更多帮助，为行业的创新发展提供借鉴，同时也希望物流行业的各界人士提出宝贵的意见。最后，向为本书提供稿件的企业和作者以及整理编辑本书的工作人员表示感谢。

二〇二〇年十二月七日

目　录

行业报告

2020 年中国物流信息服务平台发展回顾与未来展望………………（3）
我国物流与供应链领域信息化发展历程与未来展望 ……………（17）
首批 A 级网络货运平台企业评估分析报告 ………………………（22）

专题报告

2020 年钢铁物流服务平台发展现状与未来展望 …………………（37）
2020 年 1—10 月大宗商品物流市场运行情况报告 ………………（45）
2020 年上半年普华永道物流行业并购交易回顾与展望 …………（74）
2020 年大宗商品平台发展回顾与未来展望 ………………………（84）

特约报告

诚信・大数据・平台………………………………………………（93）
试论网络货运格局下我国公路物流业税收制度供给的若干问题
………………………………………………………………（98）
平台模式对货运行业新生态的影响 ………………………………（107）

大宗商品数字供应链发展与应用 …………………………………（113）
多式联运平台化的解决方案与实施路径 …………………………（120）
“后疫情时代”物流平台发展路径探讨 …………………………（130）
“电商 + 物流 + 智慧工厂”三驾马车成就未来大宗商品平台之王 ……………………………………………………………………（135）
车联网大数据赋能货车保险……………………………………………（146）
基于“主动安全服务”的物流运输安全管理新模式……………（151）
中国公路运输网络货运的数字化运营 ……………………………（156）
电子仓单在大宗商品中的运用价值 ………………………………（163）
“10 秒过磅、司机秒收运费”，G7 智慧场站让效率提升十倍 …（165）
附录 1　物流诚信共享信息构成要素及交换要求 ………………（167）
附录 2　网络货运平台服务能力评估指标 …………………………（172）

行 业 报 告

2020 年中国物流信息服务平台发展回顾与未来展望

2019 年印发的《国务院办公厅关于促进平台经济规范健康发展的指导意见》中明确指出：互联网平台经济是生产力新的组织方式，是经济发展的新动能。物流平台是物流领域平台经济发展的重要业态和抓手。2020 年是网络货运新政实施元年，对我国平台经济在物流行业的具体落地产生了深远的影响。本报告首先回顾了 2020 年中国物流信息服务平台的发展现状，然后对中国物流信息服务平台未来的发展趋势进行了预测和分析。

一、2020 年中国物流信息服务平台发展回顾

1. 物流平台“供应链化”成为国家战略

2020 年 7 月 21 日，习近平总书记在企业家座谈会上强调：我们要充分发挥国内超大规模市场优势，逐步形成以国内大循环为主体、国内国际双循环相互促进的新发展格局，提升产业链、供应链现代化水平。物流行业要创新“开放、合作、共赢”的供应链理念，降本增效，同时要确保我国产业链供应链安全稳定，构建绿色、高效、可持续的发展生态。

2020 年 8 月 22 日，国家发展改革委发布《关于印发〈推动物流业制造业深度融合创新发展实施方案〉的通知》（发改经贸〔2020〕1315 号），指出促进工业互联网在物流领域融合应用，建设物流工业互联网平台，实现采购、生产、流通等上下游环节信息实时采集、互联共享，推动提高生产制造和物流一体化运作水平。突出重点领域，特别是大宗商品物流、生产物流等物流业制造业融合水平。

2020 年 9 月 21 日印发的《国务院办公厅关于以新业态新模式引领新型消费加快发展的意见》（国办发〔2020〕32 号）一文指出：建立健全“互联网 + 服务”，支持互联网平台企业向线下延伸拓展，加快传统线下业态数字化改造和转型升级，发展个性化定制、柔性化生产，推动线上线下消费高效融合、大中小企业协同联动、上下游全链条一体发展。同时，统筹推进国际物流供应链建

设，开拓国际市场特别是“一带一路”沿线业务，培育一批具有全球资源配置能力的国际一流平台企业和物流供应链企业。

2. 平台型物流企业主要经营情况

据中国物流与采购联合会物流信息服务平台分会（以下简称“平台分会”）在全国范围内开展的调查统计，2020 年我国平台型物流企业主要经营情况如下。

从企业构成类型看，60% 以上的平台型物流企业为民营企业（见图 1），说明在“营改增”背景下交通运输业产生的结构性税差（6%）对于民营企业的影响更为明显，依靠平台化转型升级补足进项抵扣以降低企业赋税的需求更为迫切，而国有企业在突破壁垒、改革创新方面还有更长的路要走。

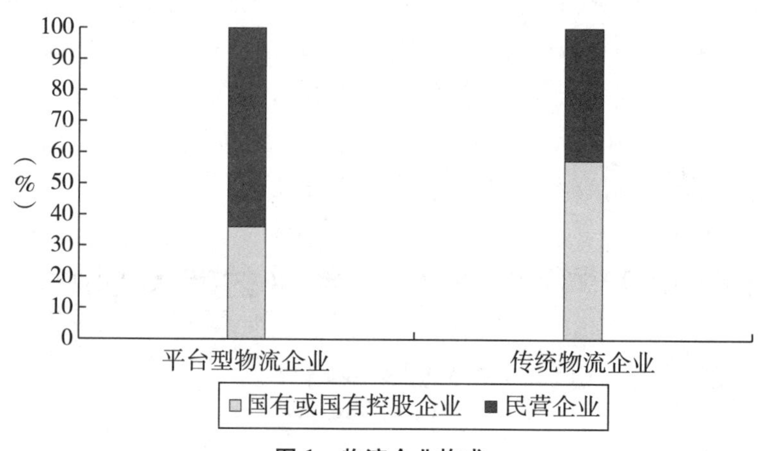

图 1 物流企业构成

从运输货物品类分布看（见图 2），85.33% 的平台型物流企业涉及矿产、建材、煤炭等大宗商品运输业务，其比例远高于传统物流企业，说明平台型企业在大宗商品运输方面与传统物流企业相比具有较大优势。从事农产品运输的平台型物流企业与传统物流企业比例相当。而从事快递电商产品、快消品、电子产品以及冷链运输业务的传统物流企业占比较高，说明运输高附加值产品，对时效要求高的货主对于传统物流企业的信任度更高，因此平台型物流企业应在垂直领域向专业化、精细化发展，以提升服务水平。此外，由于《网络平台道路货物运输经营管理暂行办法》（以下简称“网络货运新政”或“新政”）明确指出网络货运平台禁止承运危化品，因此平台型企业暂未涉及该品类运输业务。

从营业收入情况看（见图 3），过半数平台型物流企业年营业收入在 3 亿元人民币以上，规模效应明显，部分小规模企业由于同质化竞争严重、资金周转困难、过度依赖财政返还以及缺乏核心竞争力等原因，在发展过程中逐步被头部企业收购。

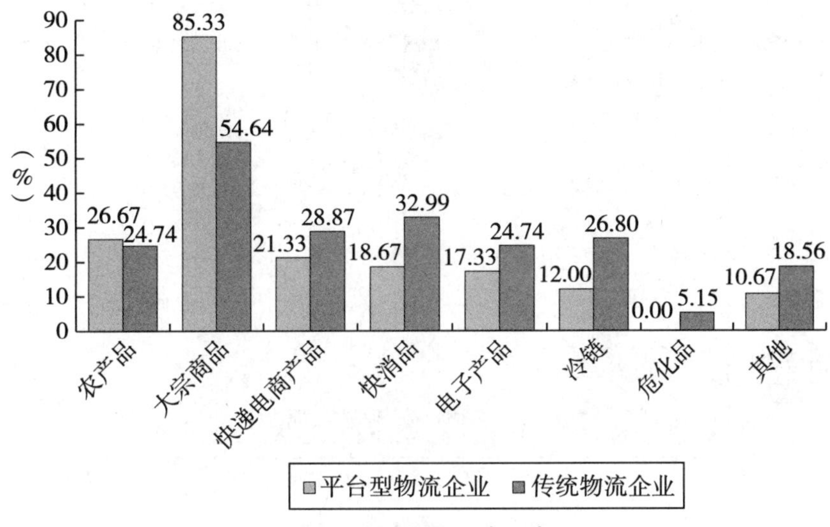

图 2 运输货物品类分布

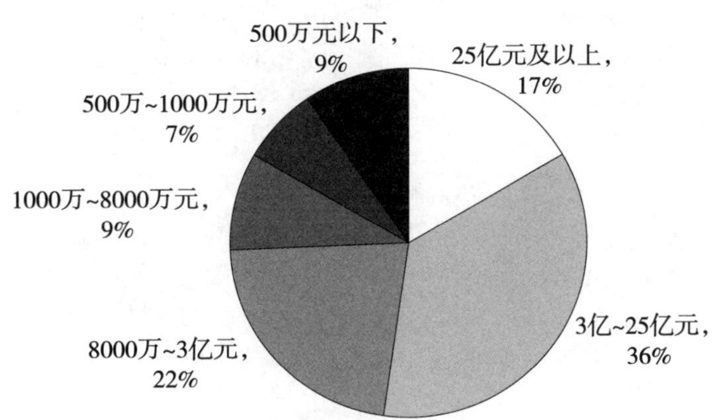

图 3 平台型物流企业年营业收入情况

与传统物流企业相比，平台型物流企业的业务发展受地域影响较小，易于在全国范围内进行复制，其平均年营业收入是传统物流企业的 3 ~ 5 倍，说明平台化转型是传统物流企业扩展业务规模、利用社会资源实现降本增效的有效手段。

从营业收入构成看（见图 4），50% 以上的平台收入来源于网络货运业务，说明我国物流平台的发展正式从“信息服务”向“交易服务”转变，传统信息撮合平台逐步向网络货运平台转型，有助于实现运输全流程的透明、精准管控，是我国平台型物流企业从“小、散、乱”逐步迈入数字化时代的里程碑。

从平台注册车辆数看（见图 5），75% 的平台注册车辆数达到 1 万辆以上，而与之相比，仅有 15% 的传统物流企业自有车辆数能达到 1000 辆。可见与传统物流企业相比，平台型物流企业在运力资源整合方面具有明显优势，可调配运力达到传统物流企业的 10 倍以上，这也为平台企业快速扩张业务规模、实现规模效应奠定良好的运力基础。

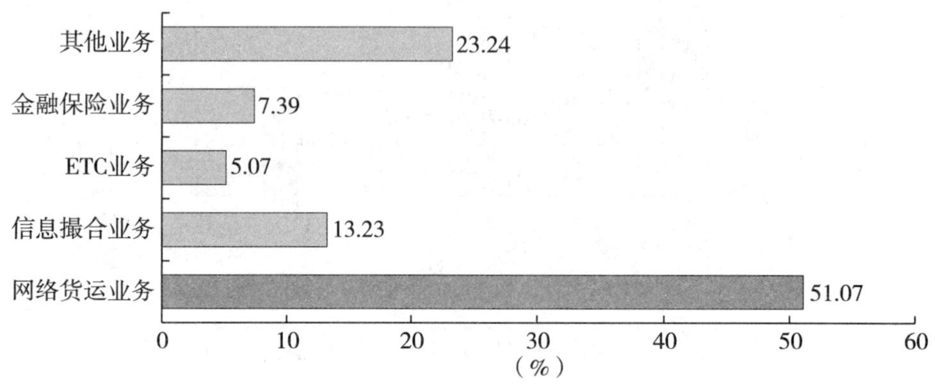

图 4　平台营业收入构成

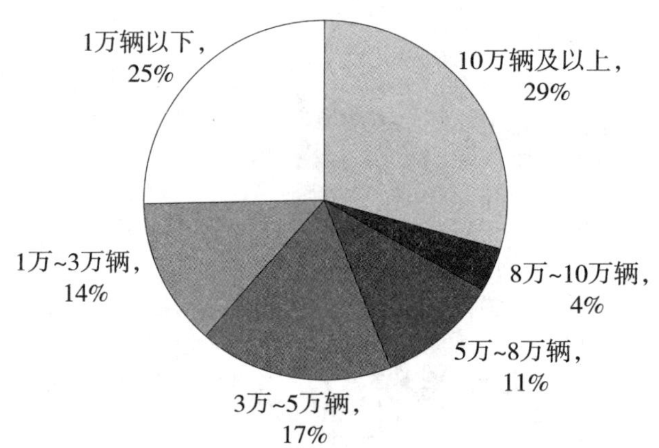

图 5　平台注册车辆数

从平台型物流企业注册车辆构成看，平台自有车辆占比达到 24. 95%（见图 6）。在无车承运人试点工作中，“无车”是政府部门及广大企业关注以及评判的要点，特别强调运输工具的“非自有属性”，试点单位绝大多数是轻资产技术型物流平台，全部运力都来自社会车辆。在 2019 年网络货运的法律地位明确之后，关注重点由“无车”转向“承运”，部分平台型物流企业为提升服务质量、丰富运输产品类型，通过少量购置自有车辆，采取差异化定价和服务模式，为部分价格敏感度低、追求服务质量的货主提供时效快、准点率高的高质量运输服务。

3. 物流企业平台化转型意愿依然明显

据平台分会调查统计，81% 的传统物流企业有意愿转型或拓展物流平台业务，特别是网络货运业务（见图 7）。

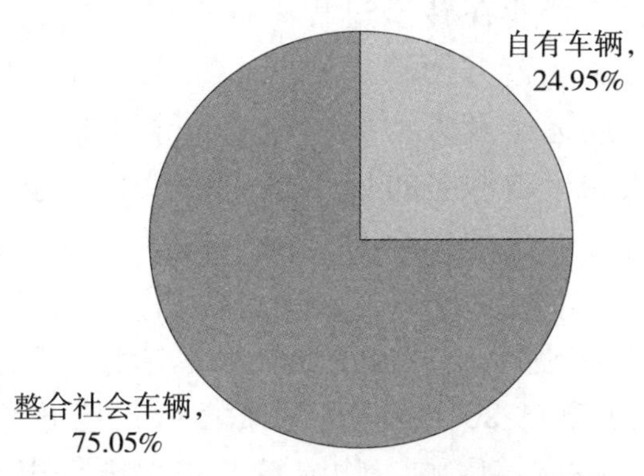

图6　平台型物流企业注册车辆构成

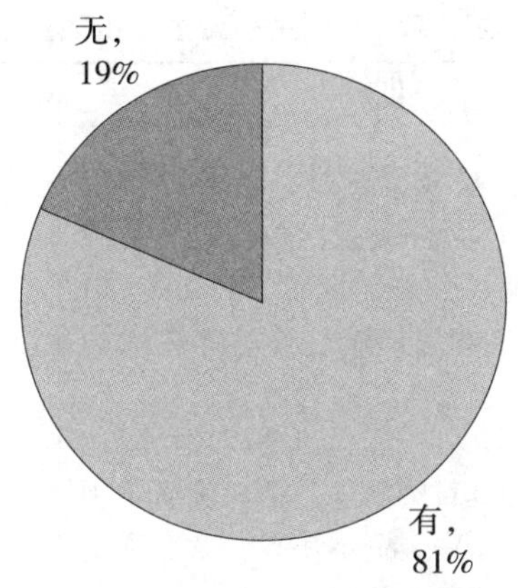

图7　传统物流企业平台化转型意愿

由上文分析可知，平台型物流企业在资源整合能力方面与传统物流企业相比具有明显优势。传统监管模式下，以车控票、以票控税的监管模式是制约传统物流企业做大做强的重要因素之一，通过大量购买自有车辆扩展业务只会加重企业负担和资源浪费。同样，传统物流企业若大量与社会零散运力合作，既会拉长产业链条，进一步挤压利润空间，又无法取得合规的运输服务发票及足额的进项抵扣。通过平台整合社会零散资源，提高整体资源配置效率是企业和行业发展的必经之路。

传统物流企业转型从事网络货运业务时，与技术型企业相比主要具有以下优势：首先，传统物流企业熟悉物流业务的各项流程，具有较为稳定的货源，在货源、车源组织方面具有成熟的经验；其次，在进行平台业务流程设计时，能在符合交通运输部要求的前提下更贴合企业自身情况和司机使用习惯，增加司机忠诚度；最后，企业具有较为完善的运输安全管理制度和风控体系，能把握运输过程中容易出现的风险点并及时采取应对措施，抗风险能力较强。

与此同时，传统物流企业在转型过程中存在以下难点：首先，技术人才储备不足，在平台的搭建及运营方面缺乏经验；其次，成本预估不到位，平台建设一次性投入较大，后期运维及人力成本较高，企业难以负担；最后，未建立相应的物流生态，仅依靠运输服务难以形成企业核心竞争力，容易被淘汰。因此，企业在考虑转型时应准确把握自身情况，在专业指导下稳步推进，不能盲目转型。

4. 物流资本市场持续遇冷，平台企业融资需求依然旺盛

物流行业投融资总额自 2017 年达到顶峰后，已连续两年呈下降态势。2020 年上半年受新冠肺炎疫情影响，物流行业资本市场更是持续遇冷，部分物流平台及相关领域主要投融资情况如表 1 所示。

表 1　部分物流平台及相关领域主要投融资情况

融资企业	轮次	投资方	金额	细分领域
满帮集团	—	软银愿景基金、红杉、璞米和富达（Fidelity）联合领投，包括高瓴、纪源、光速、云锋、襄禾、Baillie Gifford、全明星、CMC、腾讯等在内的现有股东也参与了本轮融资	17 亿美元	智能运力平台
则一	C 轮	领投方为基石资本，兰馨亚洲联合领投，原股东中金资本跟投，泰合资本担任独家财务顾问	6 亿元人民币	供应链平台
小码大众	—	韵达股份领投	数千万元人民币	智能仓配一体化共享配送平台
拼车宝	Pre－A 轮	领投方为德邦快递，原有股东跟投，运联研究院为本轮融资的战略顾问	2200 万元人民币	专线末端共配平台
新环世	—	包括菜鸟、云启等领先的战略以及财务投资机构，泰合资本担任独家财务顾问	数千万美元	一站式国际物流 SaaS 服务平台
海管家	A1 和 A2 轮	分别由住友商事亚洲资本和正轩资本投资，毅仁资本任独家财务顾问	数千万元人民币	国际物流云协作 SaaS 服务平台
每日优鲜	—	由中金资本旗下基金领投，联合出资方包括工银国际、腾讯、阿布扎比资本集团、苏州常熟政府产业基金、Tiger Global、高盛资产管理旗下基金及其他数家机构	4.95 亿美元	城市生鲜配送平台

续 表

融资企业	轮次	投资方	金额	细分领域
超客巴巴	种子轮	本轮投资方为北京中绿中防供应链管理有限公司	数百万元人民币	生鲜供应链综合服务平台
牛卡福集团	A轮及A+轮	A轮由钟鼎资本领投、厦门建发集团跟投，A+轮由欧洲老牌知名基金领投、钟鼎资本跟投，冲盈资本担任本次融资独家财务顾问	近亿美元	物流后市场数字化平台
众企安链	Pre-A轮	上海常春藤企业咨询合伙企业（有限合伙）领投、国宏嘉信（深圳）股权投资管理有限公司、上海分布士投资管理有限公司跟投	数千万元人民币	互联网供应链金融服务
点滴能源	Pre-A轮	由蓝驰创投领投	数千万元人民币	柴油油品零售网络运营商
能源汇	A+轮	—	数千万元人民币	油品前置仓
所托瑞安	A轮	由SK China独家投资	数千万美元	国际商用车安全驾驶领域

从主要投融资事件可见，满帮集团获得最高的17亿美元融资。除物流平台以外，围绕平台开展油品、供应链金融、安全驾驶等后市场服务的企业获得资本青睐，说明汽车后市场是平台业务拓展方向。

虽然资本市场整体活跃度低，但平台型物流企业融资需求依然旺盛。调查显示，半数企业有融资需求，其中20%的企业有3000万元以上的大额融资需求（见图8），这也间接说明传统投融资模式对于平台型物流企业的适用性不强。

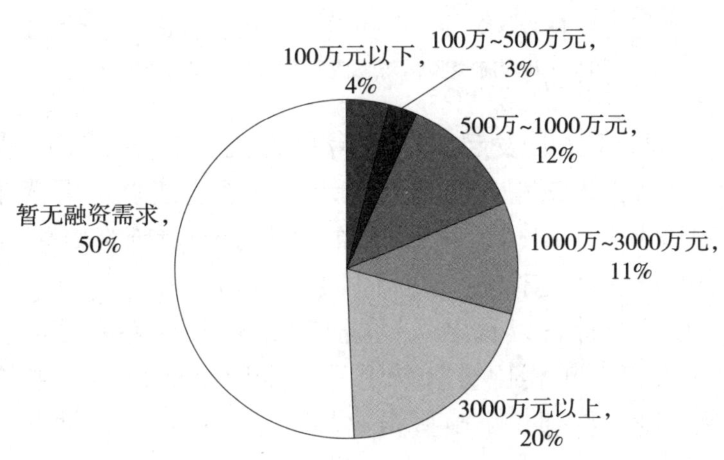

图8 平台型物流企业融资需求

5. 新冠肺炎疫情对物流平台的影响小于预期

2020 年年初新冠肺炎疫情暴发，给物流行业的运营造成极大的压力，物流企业的复工复产之路困难重重。《中国物流与采购》杂志社和“零点有数”于 2020 年 2 月底联合发起“物流企业受疫情影响情况及相关政策诉求”的抽样调查。调查显示，新冠肺炎疫情对物流行业影响指数为 69. 3，预计业务规模和利润下降幅度均较大（本指数设定若疫情对企业未产生任何影响则指数为 100，指数越高表示企业受疫情影响越小），近四成企业疫情期间业务规模下降在 50% 以上，五成以上企业预估 2020 年度将亏损 5% 以上。

其中，从新冠肺炎疫情对物流细分行业的影响来看，轻资产运作的网络货运平台抵御疫情能力最强，影响指数为 72. 8；仓储业务企业虽然固定成本高，但由于其订单周期长，在疫情期间业务规模受到的影响相对较小，整体影响指数为 72. 2；综合型物流服务企业由于其业务的多元化受疫情打击相对较小，影响指数为 71. 1。而综合网络型快递物流、专线运输服务、生产工程物流、配送服务等业务结构单一的企业受疫情的影响较大（见图 9）。

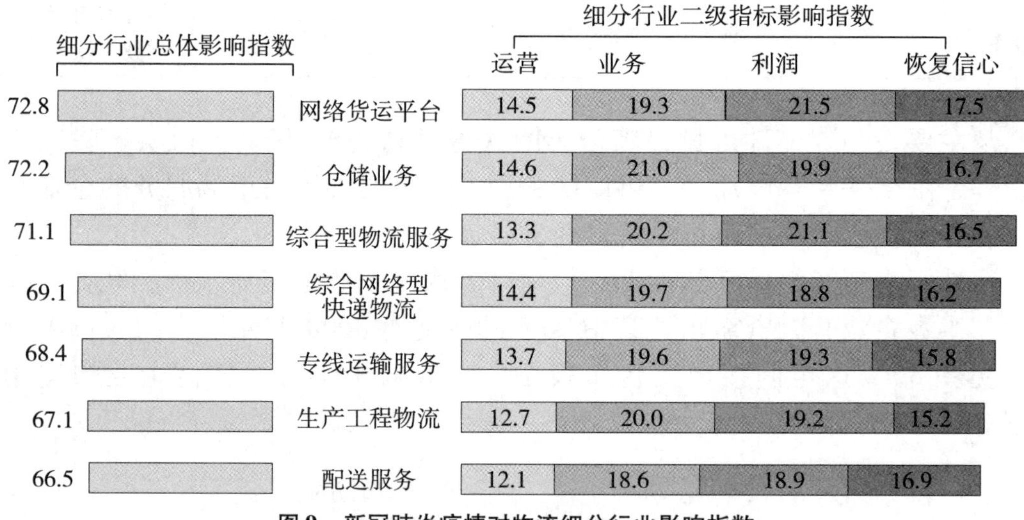

图 9　新冠肺炎疫情对物流细分行业影响指数

平台分会在 2020 年 2 月发起了“平台型物流企业复工复产情况”的抽样调查，统计结果显示，40% 左右的企业预计 4 月之前恢复正常营业，货运量及营业收入达到 2019 年同期水平，大部分企业由于新冠肺炎疫情发展态势不明朗无法预估准确的产能恢复时间（见图 10）。

由营业收入预期统计可以看出（见图 11），仅 15% 左右的大、中型企业预计 2020 年营业收入较上年相比会有所上涨，少数企业预计与上年持平，其余企业均持不乐观态度，特别是小微型企业甚至无法预估收入情况，准备以业务结构调整应对亏损。

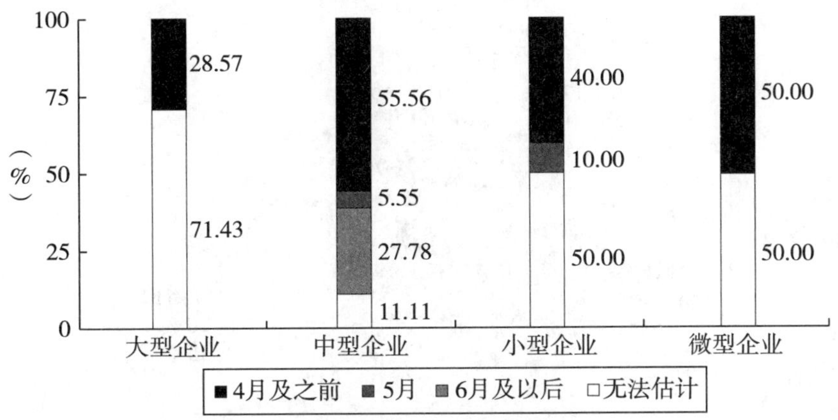

图 10　各规模平台型物流企业复工复产预计时间

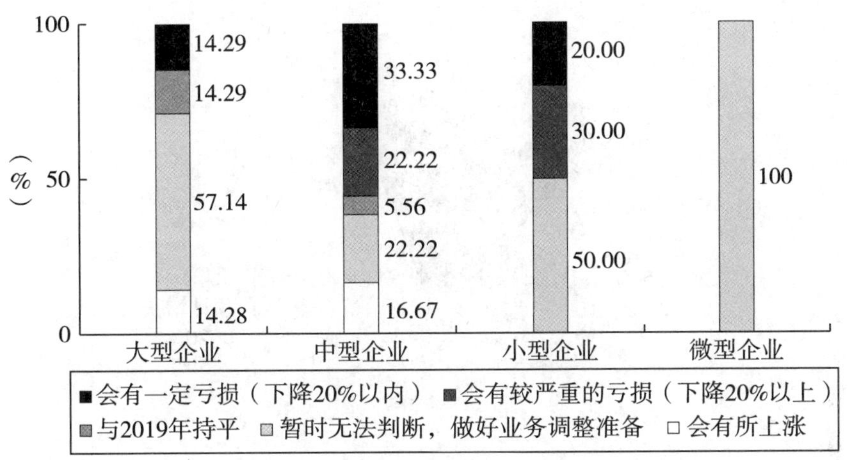

图 11　各规模平台型物流企业 2020 年营业收入预期

综合以上两项统计结果可以看出，中型企业由于具有一定的业务规模和业务多样性，能较为明确地预估产能恢复时间点和营收情况，与其他规模的企业相比具有更为敏锐的判断力，有利于根据疫情发展情况及时做出业务调整。

经过艰苦的抗疫行动和积极复工复产，2020 年 11 月，平台分会再次对平台型物流企业营收情况进行统计。结果显示，仅有 5% 的企业仍预计全年营业收入与 2019 年相比将有所亏损，其余企业均预计与 2019 年持平或增长，甚至有 7% 的企业预计 2020 年全年收入将达到 2019 年的 2 倍（见图 12）。

此外，由图 13 可以看出，各平台型物流企业对货运量的增长预期与营业收入增长预期基本保持一致。综合以上两项统计可以看出，绝大多数平台型物流企业实际经营情况远远好于年初的估计值，在国内新冠肺炎疫情好转的大环境下，平台型物流企业能快速组织货物资源和运力资源，及时恢复正常经营，消除疫情带来的冲击。

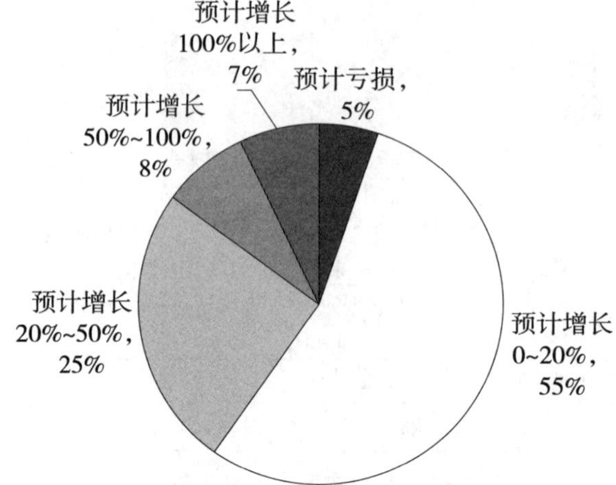

图12　平台型物流企业营业收入增长预期

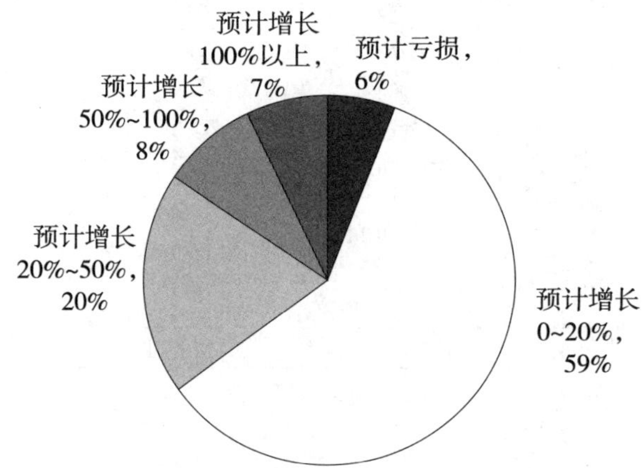

图13　平台型物流企业货运量增长预期

6. 网络货运平台成为物流平台领域发展的中坚力量

2020年1月，网络货运新政正式实施，全国各地陆续下发细则落实网络货运资质申报及资质审批工作。截至2020年11月，全国已有近500家企业取得了网络货运经营资质。由上文分析也可以看出，网络货运业务收入占比达到平台整体营业收入的50%以上，且传统物流企业转型意愿明显。因此，网络货运平台已成为我国物流平台领域发展的中坚力量。

网络货运业态的发展对物流行业数字化、智能化高质量发展起到引领作用，主要体现在以下三个方面。

（1）消除行业灰色地带，创新监管方式。

我国物流行业长期处于“小、散、乱”的发展态势，特别是运力资源相对分散，个体经营户占总经营户的90%以上，平均每户拥有车辆约为2辆。因此，我国运输业长期采用“以车控票，以票控税”的税收监管方式，制约我国传统物流企业做大做强。在网络货运业态下，主管部门对运单全流程数据进行监管，在运单流、物流（轨迹）、资金流“三流合一”前提下，网络货运经营者可依据运单数据据实列支或者向当地税务部门申请开具3%的增值税专用发票，使我国运输业实现数据控税成为可能。同时，使运输全流程透明化，消除灰色地带，为营造健康、可持续发展的行业秩序作出贡献。

（2）提高企业风控能力。

网络货运新政下，要求网络货运经营者承担运输责任，获取车辆实时行驶轨迹，对运输全流程进行实时监管。同时，对实际承运车辆及驾驶员资质进行审查，建立准入、退出机制及完善的服务评价和信用评价体系。对此，网络货运经营者通过建立电子围栏，增加视频监控、轨迹偏离和延迟提醒等方式针对运输过程中可能出现的风险进行监控，保证运输作业全程透明、可控。同时，建立应急管理制度和处理预案，在发生紧急情况时能及时作出反应，降低可能带来的损失。可见，在网络货运业态下，经营者对于运输过程的把控能力相比传统物流企业更强，管理水平及抗风险能力更高。

（3）提升行业数字化水平。

网络货运平台与传统物流企业相比具有先天数据优势，从合同签订到运费支付均在线上进行，实现信息流、商流、物流、资金流、票据流的“五流合一”，推动业务数据转化为数字资产，为开展供应链金融及后市场服务奠定基础。

此外，在网络货运业态发展的过程中，也存在以下亟须解决的问题。

①经营成本居高不下，盈利困难。

上文提到平台型物流企业年营业收入较高，但普遍盈利能力不强，主要原因有以下两点。

一是平台型物流企业获取车辆行驶轨迹成本过高（见图14）。

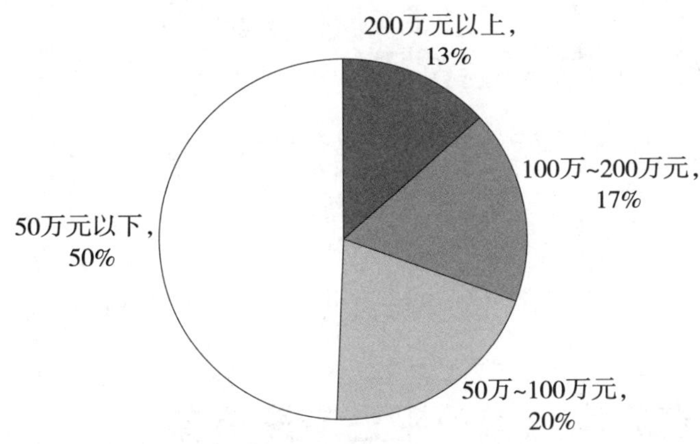

图14　平台型物流企业年获取车辆行驶轨迹成本情况

上文提到新政要求网络货运经营者需要全程获取车辆实时行驶轨迹，大部分企业以使用北斗卫星导航系统为主，其他定位方式进行验证和补充。平台分会调查显示，13% 的平台型物流企业年获取车辆行驶轨迹成本在 200 万元以上，半数平台型物流企业年获取车辆行驶轨迹成本在 50 万元以上，且业务规模越大车辆行驶轨迹获取成本越高。

二是平台研发投入较大。

平台建设前期一次性投入较大，此外需要一定数量的研发人员进行业务拓展和长期系统维护，保证平台的稳定运行。研发人员的工资及租用、购买服务器支出是企业的长期成本。

②平台承担的责任加重，但责任划分意识不强。

网络货运新政的出台明确了网络货运的法律地位，新政明确指出网络货运经营者须承担承运人责任，且网络货运经营不包括仅为托运人和实际承运人提供信息中介和交易撮合等服务的行为。在实际经营过程中，部分平台同时存在网络货运业务和交易撮合业务，当交易撮合业务发生纠纷或违约情况时，不应按网络货运业务对平台进行追责，而应明确业务类型和责任范围，避免出现逃避责任和过度追责的情形，维护行业健康发展秩序。

此外，购买合适的保险也是平台在责任加重的情况下可采取的有效风控手段。据统计，25. 33% 的平台型物流企业网络货运业务保险覆盖率达到 100%，而 34. 67% 的企业保险覆盖率在 50% 以下（见图 15），说明平台间保险覆盖率差距较大，部分保险的费率、类型对于平台型物流企业的适用性不强，保险企业在网络货运领域有较大发展空间。

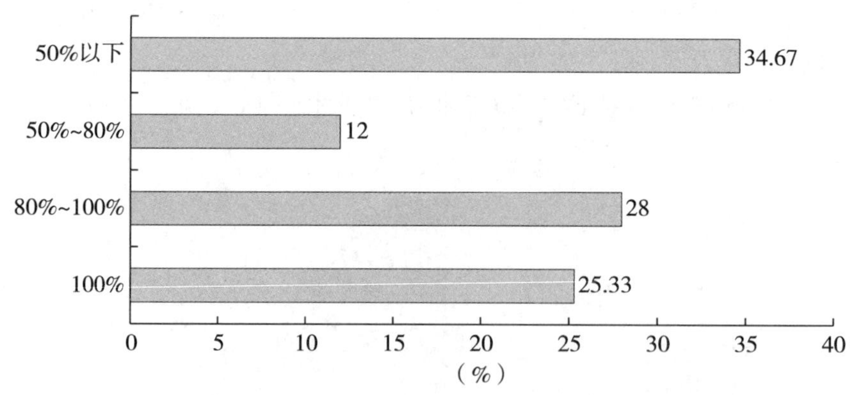

图 15　平台型物流企业网络货运业务保险覆盖率

二、中国物流信息服务平台未来展望

1. 全国统一的物流应急服务平台亟须建立

物流行业作为我国支柱型产业，在新冠肺炎疫情期间，对保障重点疫区医疗、生活物资及时供应起到重要作用。物流平台以其运力资源整合能力强、响应速度快等优势，在平台运力池中积极寻找合适的车辆，源源不断地运送各类物资，为抗疫行动作出了突出贡献。但与此同时，也暴露一个问题：物流平台各自为政，货源、车源信息不能互通，缺乏统一的资源调度和协调，影响应急物流响应速度。因此，行业亟须建立一个“平台的平台”，在特殊时期能够通过各平台整合全行业的运力资源，进行统一的调度、指挥、协调，以最快的速度响应应急物资的运输需求。

2. 供应链服务网络货运平台是未来发展方向

新冠肺炎疫情充分暴露我国供应链服务体系缺乏协同、弹性较弱的问题，在受到外界冲击时容易出现断链。物流平台的发展应顺应政策导向，以充分发挥平台资源整合能力强、资源调动灵活可控的优势为前提，重视供应链思想，加强供应链研究，推广供应链应用，主动调整业务模式，延伸产业链条，提高平台供应链稳定性、协同性、顺畅性，提高我国供应链抗风险能力。部分大宗商品网络货运平台已开始布局供应链服务体系，实现产供销一体化，走在行业的前列。

3. 依托供应链金融解决中小平台型物流企业融资难题

2020 年 10 月 14 日，国家发展改革委印发《关于支持民营企业加快改革发展与转型升级的实施意见》（发改体改〔2020〕1566 号）加大对民营企业信贷支持力度，支持开展信用融资和大型企业协助上下游企业开展供应链融资，利用大数据等技术手段开发针对民营企业的免抵押免担保信用贷款产品。

从平台型物流企业融资用途分析可知（见图 16），由于物流企业上游普遍存在 1～3 个月的账期，而个体司机则大部分要求及时支付运费。因此企业融资主要用于运费的预付和垫付，少部分用于支付人力及运营成本。传统金融模式下，银行或其他金融机构均以资产质押为授信依据，没有建立适应平台型物流企业的风控体系。供应链金融模式下，以区块链等新技术为技术手段，依托平台交易数据建立适用于平台型物流企业的信用评价体系和金融风控体系，解决长期以来平台型物流企业贷款难的问题。

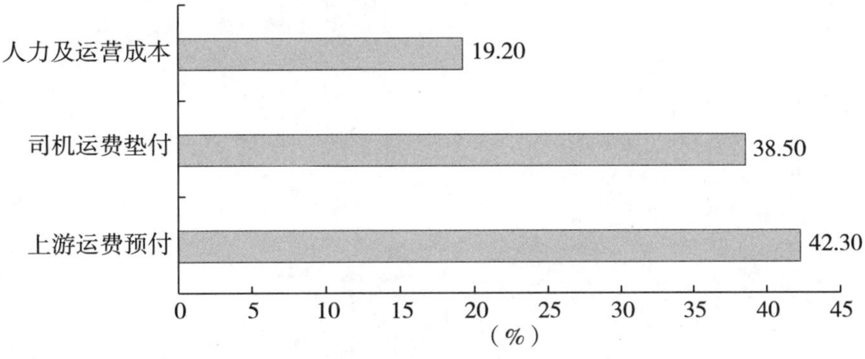

图 16　平台型物流企业融资用途

4. 构建生态将成为平台型物流企业核心竞争力

经过三年的无车承运人试点运营和一年的网络货运发展，平台型物流企业的盲目扩张期已经结束，服务品类单一、依靠税收洼地盈利的企业很难生存长久，企业应着手提升自身数字化建设能力、信用能力和增值服务能力，以增强用户黏性，探索更为丰富的盈利手段。

如图 17 所示，60% 以上的平台型物流企业已着手开展各类供应链金融服务以丰富平台业务类型。部分头部平台型物流企业已着力于打造自身生态体系，开展汽车后市场、消费金融、保险保理和互助社群等增值服务，打造以网络货运平台为中心的良性生态圈。

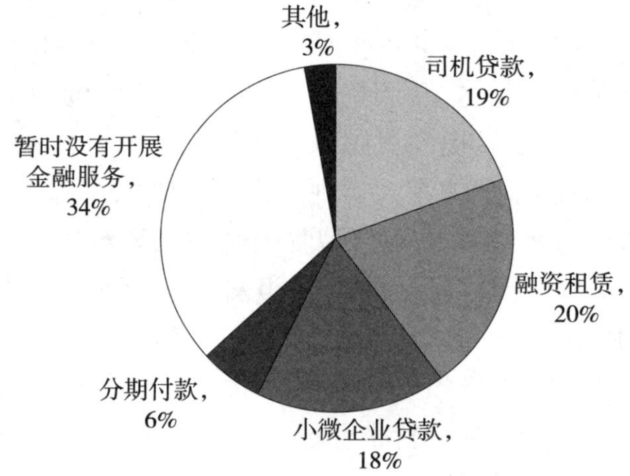

图 17　平台型物流企业已开展的供应链金融服务

（中国物流与采购联合会物流信息服务平台分会　晏庆华、金妲颖）

我国物流与供应链领域信息化发展历程与未来展望

我国物流与供应链行业的信息化发展已经走过十二个年头，古人云“十二年为一纪”，标志着一个阶段的终结和下一阶段的开启。本节对我国物流与供应链行业信息化的发展进行整体回顾，同时对其未来发展趋势作出分析和预测。

（一）中国物流与供应链行业信息化发展历程

随着信息技术的高速发展，我国物流与供应链行业信息化经历了以下7个发展阶段。

1. 单据电子化

我国物流信息化发展的最初形态即物流企业内部单据的电子化，伴随计算机技术、局域网技术和电子邮件技术的普及，利用电子表格代替纸质单据对物流作业信息进行记录，降低了人工记录成本，提高了工作效率，方便了数据的保存，迈出了物流行业信息化发展的第一步，也为以后的业务数据化奠定了坚实的基础。

2. 业务数据化

随着单据电子化的步伐不断加快和数据库技术的出现，进而出现了产品化、标准化的订单管理系统（OMS）、运输管理系统（TMS）和仓储管理系统（WMS），实现了结构化的数据存储，消除企业内部数据孤岛，提升企业管理效率。随后，互联网技术以及标准化信息交换格式（EDI）逐渐普及，使企业间物流信息互通成为可能，为多式联运一票制的实施奠定了技术基础，优化了传统物流组织方式和管理模式，实现了物流与信息流的匹配。

3. 装备智能化

我国物流业在发展初期是典型的劳动密集型产业，依靠大量的人力进行装卸、搬运等重复性重体力劳动。随着人力成本的不断上升，物流行业也呈现出机器作业代替人工劳动的趋势。

2019年2月，国家发展改革委等印发的《关于推动物流高质量发展促进形成强大国内市场的意见》中指出要加强物流核心装备设施研发攻关，推动物流装备向高端化、智能化、自主化、安全化方向发展。随着条码、RFID（射频识别技术）等信息采集技术和移动互联网技术的快速发展，实现了信息的自动化识别、存储、传输，替代了原有的人工数据采集。截至 2019 年年底，我国已建成自动化立体库 4000 余座，覆盖大件物流、快递、医药等领域，实现入库、上架、分拣、出库全流程无人操作。此外，我国上海、厦门、苏州等地的大型深水港和内陆港均已通过无线通信、自动导航定位、智能识别等技术，实现 24 小时不间断吊装、固定线路短驳、堆码的无人作业，部分科技产业园区还实现了园区内部的机器人无人送货。可见，在智能技术支撑下，物流作业正由劳动密集型向技术密集型转变。

4. 交易平台化

平台化一直是物流行业的发展趋势，相关统计资料显示，2009—2013 年是我国物流行业规模的快速增长期。2014 年起，行业规模持续增长但增速放缓，产业结构调整加快，运输服务价格持续压低，原有的冗长产业链条和经营模式难以适应高效物流的市场需求，行业资源整合的诉求增多，产生了最初的物流信息撮合平台（即物流信息门户网站）。

但单纯的物流信息服务难以沉淀有价值的业务数据，只有在平台产生交易，才能实现数据的价值。移动互联网技术和移动支付技术为平台在线交易的实现提供技术基础。平台有“交易”，才有支付，才有“承运”，才会有供应链金融、后服务市场等。所以说，物流平台从信息服务转型为交易服务是一次质的飞跃。2016 年，交通运输部印发《交通运输部办公厅关于推进改革试点加快无车承运物流创新发展的意见》，在全国范围内开展无车承运人试点工作。在“营改增”背景下，明确了无运输工具企业取得合规进项抵扣的途径，无车承运模式通过去中间层建立新的产业链以及利益分配机制，成为寻求利润空间的有效方式。2019 年 9 月，为期三年的无车承运人试点工作结束，《网络平台道路货物运输经营管理暂行办法》正式出台，明确了网络货运的法律地位，解决了无车承运人试点期间存在的遗留问题，我国物流信息平台正式从“撮合”走向“交易”，并实现了运输全流程的透明、精准管控以及商流、信息流、物流、资金流、票据流“五流合一”，标志着我国道路运输行业逐步由证照监管向数据监管转变，是我国物流企业从“小、散、乱”逐步迈入数字化时代的里程碑。

5. 物流供应链化

2017 年 10 月，国务院印发的《国务院办公厅关于积极推进供应链创新与应用的指导意见》明确指出，随着信息技术的发展，供应链已发展到与互联网、物联网深度融合的智慧供应链新阶段。从原材料供应商到终端用户的供应链条中，任意节点（即供需双方）紧密相连。在传统供应链模式下，各节点对库存的独立控制使供应链条产生严重的“牛鞭效应”，单一环节降本增效的空间不大。近年来，物流企业信息化水平逐步提升，制造商贸企业纷纷打通供应链上下游各环节，将ERP（企业资源计划）系统与物流企业TMS/WMS系统或平台直接相连，打造集“采购、生产、贸易、运输、仓储、配送”为一体的供应链协同一体化服务平台，实现各环节全程可控和全节点可视，能够快速响应各节点需求，从供应链协同管理的角度降低整体成本。

6. 产业数字化

经过十余年的发展，我国物流与供应链行业逐步进入了数字化新时代。2018年以来，中共中央多次作出要“加快5G商用步伐，加强人工智能、工业互联网、物联网等新型基础设施建设”的重大部署，促进经济高质量发展，“新基建”作为数字经济的基础保障地位得到凸显。“新基建”是产业数字化的基础保障，为产业跨界融合提供技术基础。在“新基建”的助力下，通信、制造、商贸、物流、金融、保险等各行业均实现数字化升级，在全行业数字化的基础上实现跨界融合。部分企业已经通过对数据的存储、挖掘、分析、使用实现价值转移，开展运价预测、信用评价、运费垫付、小额贷款、金融保理、消费白条、车后商城等基于业务数据的增值服务并实现盈利，完成了跨界融合模式下物流行业由“作业产生价值”向“数据产生价值”的路径探索。

7. 生态绿色化

在构建平台自有生态时，需要同时注意内部环境和外部环境的健康与稳定，实现双循环。从内部环境看，需要企业自身及合作伙伴在遵守诚信的基础上开展合作，保证企业自身业务数据安全。从外部环境看，需要时刻注意国际动向，防止因为国际经济下滑、政策文化冲突等外部原因造成的生态破坏，进而使企业面临毁灭性打击。因此，打造安全、健康、可持续发展的良性生态是企业发展的方向。

（二）中国物流与供应链行业信息化发展未来趋势

物流业作为支撑国民经济发展的基础性、战略性、先导性产业，将继续秉持创新、开放、协同、共享的发展理念，进一步实现产业高质量发展和降本增效。未来，行业信息化发展将呈现以下趋势。

1. 制造业与物流业深度融合

2020年8月，国家发展改革委印发了《推动物流业制造业深度融合创新发展实施方案》，文件指出要促进企业主体、设施设备、业务流程、标准规范、信息资源五项融合，支持物流企业与制造企业通过市场化方式创新供应链协同共建模式；实现枢纽园区、铁路专用线、仓库等物流基础设施的有机联动；引导物流、快递企业为制造企业量身定做供应链一体化服务等物流解决方案，增强柔性制造、敏捷制造能力；同时加强各项标准的协调衔接，积极探索和推进区块链、第五代移动通信技术（5G）等新兴技术在物流信息共享和物流信用体系建设中的应用，实现采购、生产、流通等上下游环节信息实时采集、互联共享，推动提高生产制造和物流一体化运作水平。

2. 骨干物流枢纽成为线下物流高效运作的关键节点

2019 年 1 月，《国家发展改革委 交通运输部关于印发〈国家物流枢纽布局和建设规划〉的通知》发布，文件指出国家物流枢纽是物流体系的核心基础设施，是辐射区域更广、集聚效应更强、服务功能更优、运行效率更高的综合性物流枢纽，在全国物流网络中发挥关键节点、重要平台和骨干枢纽的作用。传统物流园区是物流企业和物流作业在空间上的聚集，在数字经济和平台经济的引领下，要用新思维理解物流园区的概念，不能局限于传统物流园区提供的服务和功能，物流园区将成为网络货运平台在线下的合作节点，成为物流产业线上线下融合的重要平台，同时也为多式联运的发展提供契机。

3. 高新技术持续赋能

2020 年 3 月，国务院发布《工业和信息化部关于推动 5G 加快发展的通知》，文件指出促进“5G + 车联网”协同发展，推动将车联网纳入国家新型信息基础设施建设工程，丰富应用场景，探索完善商业模式。近年来，伴随着平台经济的发展，特别是网络货运业态的出现，我国物流业步入了数字化发展的新阶段。随着网络货运平台对运输全程进行监控的需求，“5G + 车联网”技术能有效帮助平台实现对车辆及驾驶行为的透明管控，降低车辆路线异常及驾驶行为异常风险，同时丰富数据采集种类，为平台深入进行大数据挖掘与应用奠定基础。同时，5G 技术的成熟、传感设备的迭代、数据的积累、机器学习的深入是智能网联汽车商用的先决条件，其在物流领域也将走过实验基地测试、固定区域试用、高速干线运营、全路网普适这样一条从简单到复杂的发展之路，这期间也必定要经历技术与业务的磨合和商业模式的探索，最终实现共赢。

4. 智能物流带动高技术物流人才需求

上文提到，我国物流业已经从劳动密集型向技术密集型转变，行业对物流人才的要求也逐步提高，同时具备物流、供应链技术及管理能力的复合型人才存在较大缺口。未来，物流企业应加深与高校的紧密合作，为物流专业学生提供深入企业交流学习甚至是实习的机会，实现产学研结合，培养一批既具有理论基础，也具有实践能力的高素质人才，为物流与供应链行业高质量发展持续作出贡献。

5. 区块链技术助力供应链金融发展

物流与供应链行业的数字化发展产生了宝贵的数字资产，改变了行业原有的信用结构，以交易为导向、数据为基础的信用关系开始形成。企业将通过数据进行产品决策和客户管理，解决服务品质和差异化问题。行业生态业务中的保险、保理、消费金融体系的风险控制和规模增长也将得益于数字化发展。但目前很多企业的数据链条完整性、标准性欠缺，不仅在监管中难以自证业务真实性，在数据应用上也难以发挥作用。另外，数据的安全保障、数据资源和敏感信息的合规使用、用户权益的维护等方面也值得关注。

由于区块链技术具有分布式、去中心化、数据不可更改等特点，再加上政府推动、市场刚性需求等因素，区块链技术在物流业务数据真实性核验、物流诚信体系建设、物流金融方面将大有作为，有助于解决行业内轻资产企业贷款难、融资难的问题。

6. 具有国际竞争力的物流企业将会显现

2020 年 9 月 9 日，习近平总书记主持召开中共中央财经委员会第八次会议，在会上发表重要讲话，强调流通体系在国民经济中发挥着基础性作用，构建新发展格局，必须把建设现代流通体系作为一项重要战略任务来抓。要贯彻新发展理念，推动高质量发展，深化供给侧结构性改革，充分发挥市场在资源配置中的决定性作用，更好发挥政府作用，统筹推进现代流通体系硬件和软件建设，发展流通新技术新业态新模式，完善流通领域制度规范和标准，培育壮大具有国际竞争力的现代物流企业，为构建以国内大循环为主体、国内国际双循环相互促进的新发展格局提供有力支撑。

2018 年 10 月，国务院办公厅发布《国务院办公厅关于印发推进运输结构调整三年行动计划（2018—2020 年）的通知》，其中提到：促进“互联网 + 货运物流”新业态、新模式发展，深入推进无车承运人试点工作，健全完善无车承运人法规制度，推动货运物流平台健康有序发展。到 2020 年，重点培育 50 家左右创新能力强、运营管理规范、资源综合利用效率高的无车承运人品牌企业。

可以预见，3 年内，具有国际竞争力的现代物流企业将会在网络货运品牌企业中产生。

（中国物流与采购联合会物流信息服务平台分会　晏庆华、金妲颖）

首批 A 级网络货运平台企业评估分析报告

一、网络货运发展历程及相关政策总览

《国务院关于积极推进“互联网＋”行动的指导意见》一文中指出推进“互联网＋”高效物流发展，加快建设跨行业、跨区域的物流信息服务平台。为贯彻落实国务院相关要求，交通运输部于 2016 年启动首批无车承运人试点工作，是物流运输领域落实“互联网＋”行动的有益尝试。2016 年以来，我国围绕网络货运（无车承运）出台的一系列政策如表 1 所示。

表 1　网络货运（无车承运）相关政策总览

发文时间及部门	文件名及文号	主要内容
2016. 9 交通运输部	《交通运输部办公厅关于推进改革试点加快无车承运物流创新发展的意见》 交办运〔2016〕115 号	以推进无车承运人发展、促进物流业“降本增效”为目标，启动第一批试点
2017. 3 交通运输部	《交通运输部办公厅关于做好无车承运试点运行监测工作的通知》 交办运函〔2017〕256 号	确定首批 283 家试点单位并开展运行监测工作
2017. 11 交通运输部	《交通运输部办公厅关于进一步做好无车承运人试点工作的通知》 交办运函〔2017〕1688 号	加强对试点企业的考核和管理，细化落实无车承运人相关配套政策
2018. 2 交通运输部	《交通运输部办公厅关于公布无车承运人试点考核合格企业名单的通知》 交办运函〔2018〕235 号	发布考核合格的试点企业名单（共 229 家），并继续开展试点工作，为期一年
2018. 4 交通运输部	《交通运输部办公厅关于深入推进无车承运人试点工作的通知》 交办运函〔2018〕539 号	加强试点运行监测评估，优化试点企业发展的外部环境

续 表

发文时间及部门	文件名及文号	主要内容
2018.10 交通运输部	《交通运输部办公厅关于无车承运人试点综合监测评估情况的通报》 交办运函〔2018〕1398 号	无车承运人试点监测总体情况、存在问题及企业排名
2019.9 交通运输部、 国家税务总局	《交通运输部 国家税务总局关于印发〈网络平台道路货物运输经营管理暂行办法〉的通知》 交运规〔2019〕12 号	无车承运人试点结束，网络货运普惠政策出台，向全社会开放

由以上政策可以看出，无车承运人是网络货运的前身，2019 年 9 月交通运输部与国家税务总局联合印发的《网络平台道路货物运输经营管理暂行办法》正式出台，标志着为期三年的试点工作结束，网络货运进入普惠阶段。

为配合支持无车承运（网络货运）业态，国家税务总局等有关部门配套出台税务政策以适应新业态的发展，主要政策如表 2 所示。

表 2　　网络货运（无车承运）相关税收政策总览

发文时间及部门	文件名及文号	主要内容
2016.3 财政部、 国家税务总局	《财政部 国家税务总局关于全面推开营业税改征增值税试点的通知》 财税〔2016〕36 号	无运输工具承运业务，按照交通运输服务缴纳增值税
2016.9 国务院办公厅	《国务院办公厅关于转发国家发展改革委物流业降本增效专项行动方案（2016—2018 年）的通知》 国办发〔2016〕69 号	支持依托互联网平台的无车承运人发展；研究完善交通运输业个体纳税人异地代开增值税专用发票管理制度
2017.8 国家税务总局	《国家税务总局关于跨境应税行为免税备案等增值税问题的公告》 国家税务总局公告 2017 年第 30 号	允许成品油和支付的道路、桥、闸通行费作为进项抵扣
2017.12 国家税务总局	《国家税务总局关于开展互联网物流平台企业代开增值税专用发票试点工作的通知》 税总函〔2017〕579 号	允许互联网物流平台代开小规模纳税人增值税专用发票
	《国家税务总局关于发布〈货物运输业小规模纳税人申请代开增值税专用发票管理办法〉的公告》 国家税务总局公告 2017 年第 55 号	

续 表

发文时间及部门	文件名及文号	主要内容
2018. 4 财政部、 国家税务总局	《财政部 税务总局关于调整增值税税率的通知》 财税〔2018〕32 号	交通运输业增值税税率由 11% 降为 10%
2019. 3 财政部、 国家税务总局、 海关总署	《财政部 税务总局 海关总署关于深化增值税改革有关政策的公告》 财政部 税务总局 海关总署公告 2019 年第 39 号	原适用 10% 税率的，税率调整为 9%
2019. 12 国家税务总局	《国家税务总局关于开展网络平台道路货物运输企业代开增值税专用发票试点工作的通知》 税总函〔2019〕405 号	新政下开展网络货运平台代开小规模纳税人增值税专用发票，原《国家税务总局关于开展互联网物流平台企业代开增值税专用发票试点工作的通知》（税总函〔2017〕579 号）废止
2020. 3 交通运输部、 国家税务总局	《交通运输部 国家税务总局关于收费公路通行费增值税电子普通发票开具等有关事项的公告》 交通运输部公告 2020 年第 17 号	通行费电子发票平台上线

经过三年的税务改革，网络货运业态的增值税税率调整为 9%，且允许成品油和支付的道路、桥、闸通行费作为进项抵扣，同时下游个体司机可由税务局代开 3% 的增值税专用发票，一定程度上解决了我国长期以来进项抵扣不足的问题，也是由“以车控票、以票控税”转向“数据控税”的重要尝试。

二、行业发展情况

截至 2020 年 11 月，全国已有近 500 家物流企业取得了网络货运经营资质。与此同时，传统物流企业平台化转型的意愿依然迫切（见图 1）。

经平台分会调查，在行业运输价格持续走低、利润空间不断被挤压的情况下，80% 以上的传统物流企业有转型网络货运企业或拓展网络货运业务的意愿，以减少中间环节，实现运输过程的透明、精准管理。网络货运企业数量将在未来一段时间内保持快速增长态势，需要相关规范和标准引领行业规范、有序发展。

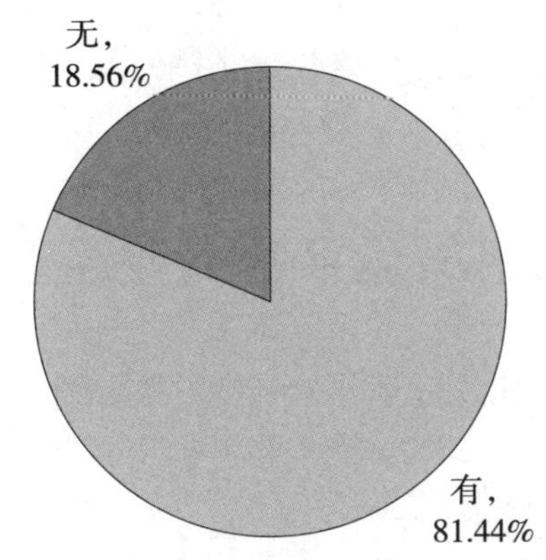

图1　传统物流企业转型网络货运经营意愿

三、A 级网络货运平台企业评估工作开展背景

中国物流与采购联合会自 2005 年起依据国家标准《物流企业分类与评估指标》（GB/T 19680—2013）开展 A 级物流企业评估工作，目前已累计评选出 6000 余家 A 级物流企业。对规范行业发展、树立典型标杆、了解行业及企业实际发展情况起到了积极作用。同时，部分地区针对 A 级物流企业出台了相应的奖励扶持政策，A 级物流企业资质也是部分企业招投标的重要依据，在行业内产生了较大的影响力。但网络货运作为“互联网 + 物流”新业态，传统 A 级物流企业的评估工作所参照的指标对网络货运平台企业的适用性不强。综上所述，中国物流与采购联合会物流企业评估办公室（以下简称“中物联评估办”）、网络事业部以及平台分会共同牵头起草了团体标准《网络货运平台服务能力评估指标》（T/CFLP 0024—2019），该标准于 2019 年 12 月 30 日正式实施。2020 年 1 月 1 日，中物联评估办、平台分会依据团体标准组织开展了首批网络货运平台企业评估工作，作为传统 A 级物流企业评估工作的补充。

四、首批 A 级网络货运平台企业评估基本情况

首批共有 60 余家企业提交了评估申请，依据团体标准《网络货运平台服务能力评估指标》（T/CFLP 0024—2019）和 A 级网络货运平台企业评估的相关制度，经过严格审核，共有 23 家网络货运平台企业完成现场评估并取得 A 级网络货运平台企业资质。其中，5A 级企业 10 家，占 43.5%；4A 级企业 8 家，占 34.8%；3A 级企业 5 家，占 21.7%。

首批 A 级网络货运平台企业覆盖安徽、江苏、上海、四川、云南、湖南、

河南、山西、陕西、山东、天津、福建、辽宁、北京 14 个省市。被评估企业多为原部级、省级无车承运人试点单位，在平台搭建、运营、风险控制等方面具有一定的经验和优势。

五、首批 A 级网络货运平台企业经营情况

经过统计，首批 A 级网络货运平台企业主要经营数据如图 2 和图 3 所示。

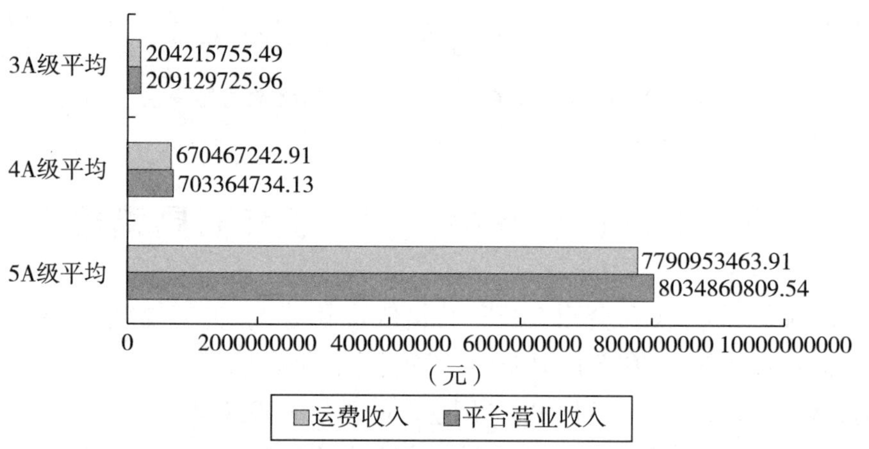

图 2　首批 A 级网络货运平台企业收入情况

由图 2 可知，网络货运平台主要收入来源为运费收入，且评估级别越低，运费收入比重越高。说明处于业务扩张期的小规模网络货运平台企业收入构成较为单一，而大规模网络货运平台企业在业务规模趋于稳定之后着手开展生态建设，拓展增值服务。

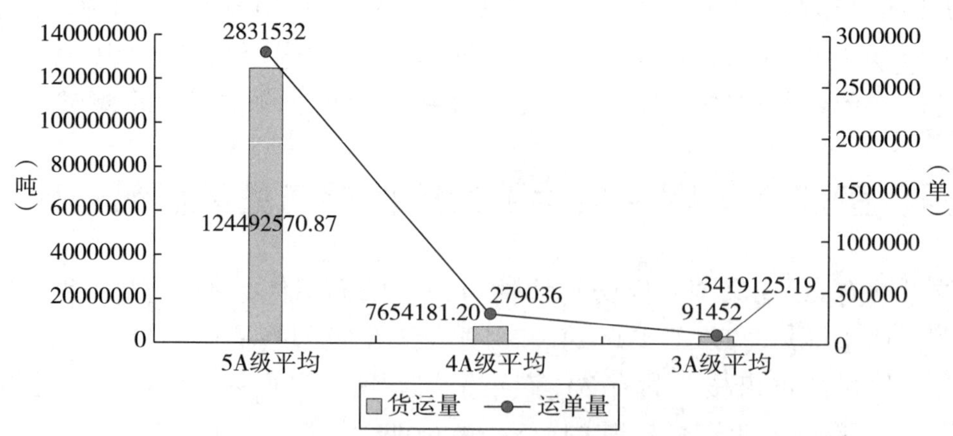

图 3　首批 A 级网络货运平台企业货运量和运单量

综合以上两项分析可知，网络货运平台企业的营业收入、货运量和运单量呈正相关，说明5A级网络货运平台企业在规模上具有绝对优势，达到4A级企业规模的10倍以上，是网络货运领域的龙头企业。

由平台注册和活跃的车辆情况可知（见图4），虽然3A级网络货运平台企业的平均注册车辆数高于4A级企业，但活跃度较低，说明司机对于3A级网络货运平台企业的黏度较低，平台需组织更多的货源并提高服务质量，进而提高车辆活跃程度。

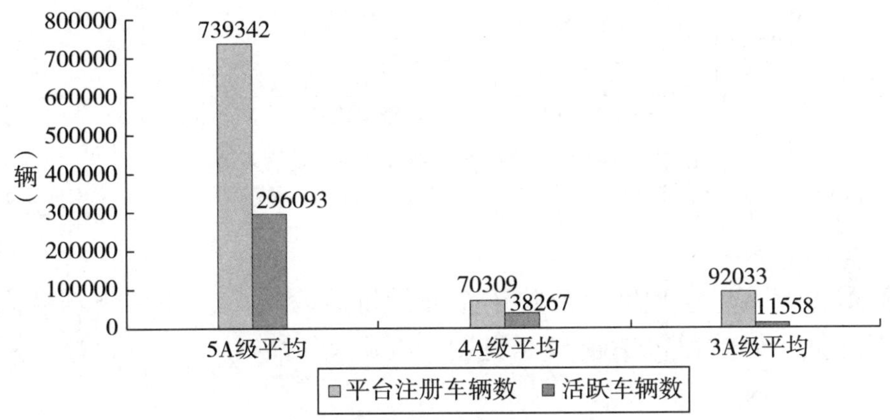

图4　首批A级网络货运平台企业注册车辆数和活跃车辆数

如图5所示，不同评估级别的网络货运平台在业务覆盖面上没有特别大的差异，体现出平台在业务拓展的过程中受地域影响程度低的特点，平台化是传统物流企业拓展业务范围的有效手段。

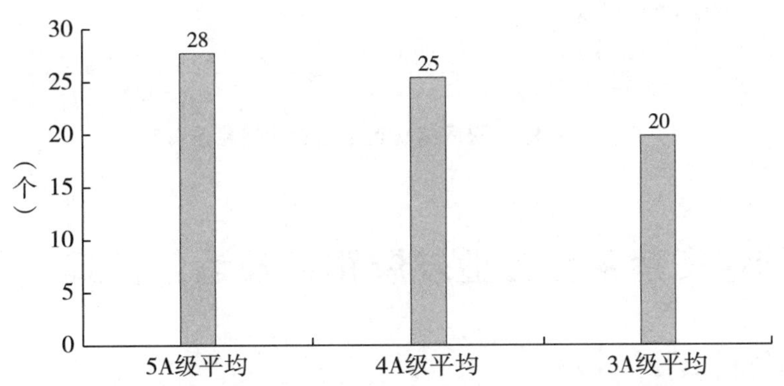

图5　首批A级网络货运平台企业业务覆盖地区数量

为保证平台长期稳定运行，网络货运平台企业需要大量的人力对平台进行升级和维护，以更好地适应用户使用习惯和存储庞大的业务数据。此外，部分5A级网络货运平台企业还利用大数据分析技术对业务数据进行清洗、分析，作为产品优化升级、业务决策的重要依据。因此，评估级别越高的企业研发投入越高（见图6）。

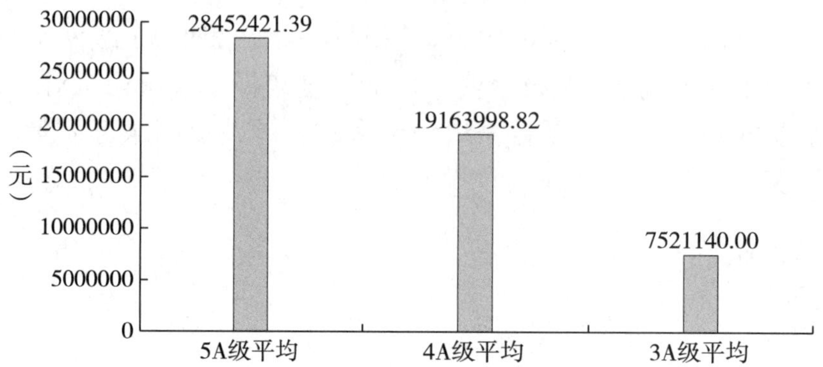

图6　首批A级网络货运平台企业研发投入情况

注：研发投入包括系统一次性建设投入、租用或购买服务器费用、购买硬件设备费用、研发人员工资及其他相关费用。

保险覆盖率从一定程度上反映了企业的抗风险能力，评估级别越高的企业风险意识越强，保险覆盖率越高（见图7）。

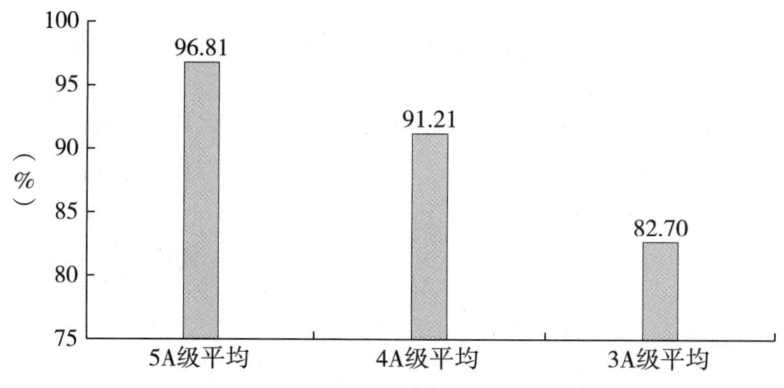

图7　首批A级网络货运平台企业保险覆盖率

六、网络货运平台企业发展路径及运营模式

1. 平台发展路径

在现场评估的过程中，总结出我国网络货运业态的发展主要有以下三种路径。

（1）技术型企业拓展网络货运业务。

技术型企业由于长期为物流企业或司机提供软件或硬件服务，积累了丰富的运力资源或货主资源，为开展网络货运业务奠定了坚实的基础。部分技术服务平台通过车辆管理软件、定位服务、车联网服务、ETC服务建立了运力池，提供司机增值服务，增强了与司机的黏性。对车源的掌控能力和管理能力较强，在车辆轨迹异常提醒、疲劳驾驶监控等方面具有独特优势。平台精细化管理程度较高，同时随着“无车”的概念进一步弱化，部分平台针对自有车辆，开展基于AI技术的车辆路径优化、回程车辆精准配货、干线甩挂运输等服务，实现对车源、货源的精准配置，大大提高了运输效率。

以技术服务为抓手的大宗商品（主要为煤炭、钢铁）网络货运平台企业对于货源的把控能力较强，在为货主提供运输服务的同时，承接矿区、煤厂、钢铁厂、电厂内部的信息管理系统建设，将数据与网络货运平台对接，极大增强与上游货主的黏性。此类企业普遍重视货源的管控，对车源的管理服务能力较弱，下游司机在交易过程中基本没有议价能力。

此外，还有一些小规模技术型网络货运平台企业，此类企业虽然技术研发能力较强，但对物流业务的理解不够深入，对货源或车源的把控能力较弱，在业务拓展方面具有一定的局限性。

（2）传统物流企业转型为网络货运平台企业。

由传统物流企业转型而来的网络货运平台企业对于物流业务流程及各环节的作业场景较为熟悉，平台开发、功能设计、系统操作等方面在满足交通运输部线上服务能力要求的前提下，更贴合物流作业的实际需要以及用户的操作习惯，为司机、货主提供便捷的线上服务。企业利用互联网资源，大幅提升了物流行业的信息化水平，做到全程透明化管理，消除传统物流业的灰色地带，切实实现了运输环节的降本增效，在当地具有较大的影响力和积极的带动作用。

部分此类企业在管理理念、管理手段方面大多沿用传统物流企业的方式方法，未建立完善且符合网络货运业态特点的管理体系。同时，技术能力普遍较弱，目前仅停留在数据线上化阶段，在大数据应用、信用体系建设方面有待提高。

（3）由企业物流转型为网络货运平台企业。

此类企业从企业物流发展为物流企业，进一步转型升级为网络货运平台企业，在国有企业体制下管理制度清晰、完整，合规性及风险控制能力较强。同时利用母公司或集团公司的货源，在拓展集生产、贸易、物流到终端客户的供应链全流程协同一体化服务方面具有较大优势，为网络货运平台向供应链服务平台发展探索出一条较为明晰的发展道路，同时为拓展供应链金融、汽车后市场服务奠定了坚实的基础。

此类企业社会化程度有待提高，部分企业的主要货源来自母公司或集团公司，未能充分发挥互联网优势，在服务于集团内部的同时更好地整合社会资源。

2. 运营模式

在运营模式方面，绝大多数平台采用的是标准的匹配运输模式，即按照信息发布、议价撮合、在线交易、签订合同、生成运单、在途运输（全程监控）、在线支付、开具发票8项流程完成运输交易和服务。在此类模式下，货源信息通常在全平台进行发布，所有司机均有抢单的机会，此外在议价撮合环节货主与司机都有话语权和议价权，以"生关系"交易为主，自主性较强。

然而，部分大宗商品平台采用货主模式进行交易，与标准模式不同，此类平台具有长期合作的大型货主企业，货主在平台上有长期合作的司机或车队，在货源发布时，往往选择带价定向发布货源信息或指定运力，再由司机进行确认。此类交易模式中货主处于较为强势的一方，司机往往没有议价的权利，以"熟关系"交易为主，用户稳定性较强。

除此之外，还有极少数平台没有深入理解网络货运经营的实质，依旧采取线下匹配交易、签订合同、合同上线、生成运单的业务模式，在匹配交易环节仅进行了线下数据的线上化，此类模式在网络货运业态的发展中是不被提倡的，容易存在后补数据的风险。

3. 组织方式

首先是货源组织，部分平台直接与制造、商贸及电商企业对接，完全承担起物流总包方的角色及职责，通常有风险抵押金及付款账期。其余平台则以物流企业作为上游货源，此时的平台主要为物流企业赋能，以提高物流企业信息化水平、全程透明化管控水平及保障税务合规，通常由物流企业预付运费，没有风险抵押金及付款账期。

其次是运力组织，常见的运力组织类型主要有四种：一是运力直采模式，平台与个体司机直接签订合同并支付运费给司机；二是间接组织模式，平台与车队签订合同并支付运费给车队；三是车队队长模式，平台与司机签订合同但支付运费给车队队长，再由车队队长支付给司机，此类模式由车队队长负责线下业务，存在资金流不透明的风险；四是业务经理模式，平台与司机签订合同并支付运费给司机，同时支付信息服务费给业务经理，由业务经理负责部分线下业务。

七、平台开展特色服务

为完善平台服务功能，丰富企业盈利手段，部分头部平台企业已经在构建平台自由生态圈方面进行尝试和探索并取得了初步成效，主要体现在以下三个方面。

1. 汽车后市场服务

平台与中小加油加气站合作，取得一定折扣；在自有园区内提供维修保养服务或与4S店合作，为司机提供优惠维修保养服务；在平台商城中自营常用车辆配件或与商家合作，方便司机随时更换零配件；在服务区建立司机休息站及生活配套设施，为长途司机提供生活便利；建立司机O2O社群，成立区域互助小组应对各种突发事件等。

2. 供应链金融服务

平台与融资租赁机构合作，对信用等级高的司机推出零保证金、低利息等优惠政策，降低个体司机一次性购车成本；与金融机构合作进行，以托运人在平台的交易记录和按时付款情况为依据，由金融机构放款用于支付下游运费，或者以司机在本平台承运的运单数据为依据，为司机提供一定额度的消费白条，可用于企业自有商城或合作商家消费等。

3. 保险服务

网络货运平台与保险公司合作，为平台用户提供一键投保功能，同时以运单数据为依据提供较为优惠的保险费率，主要险种包括承运人责任险/物流责任险、货运险、车险及人身意外险4类。

八、现阶段网络货运平台存在的问题

1. 盈利能力不足

通过本次评估工作，了解到整体参评企业的运费收入占总营业收入的平均比例在95%以上，收入构成过于简单，90%以上的企业依旧处于亏损的状态。说明在网络货运业态下运输服务的利润空间依然很小，平台提供单一的网络货运服务无法实现有效盈利。大部分平台有拓展汽车后市场、供应链金融服务的意愿和计划，但是在业务开展、数据应用、风险控制等方面的发展路径不够明晰，需要相应的政策及标准进行引导和指导。

2. 数据应用能力不足

平台开展供应链金融服务的前提是对平台积累的数据进行有效挖掘和应用，通过评估工作发现除少数企业依托大数据进行决策辅助并产生经济效益外，绝大多数企业对于大数据的应用依旧停留在表面，仅通过数据大屏展示平台实时交易情况，并未产生数据价值，需要积极引导企业引进数据应用技术人才并与金融机构进行深度合作，将大数据应用技术与物流业务深度融合，服务于平台业务拓展、模式创新和金融服务，同时也是落实网络货运新政中“鼓励网络货运经营者利用大数据、云计算、卫星定位、人工智能等技术整合资源，应用多式联运、甩挂运输和共同配送等运输组织模式，实现规模化、集约化运输生产”的有效途径。

九、评估工作开展的意义及后续工作

1. 积极引导企业健康发展，树立行业标杆

要通过 A 级网络货运平台企业树立行业标杆，各个企业要做好数据标准化、规范化、合规化的工作，同时要正面宣传，适度宣传，要有供应链的开放、合作、共赢的思想，同时要做好上下游客户及产业链相关客户的合作共赢工作。

2. 贯彻落实交通运输部相关规定，引导企业规范经营

本项评估工作所参照的团体标准《网络货运平台服务能力评估指标》在评价指标的设置上参照了网络货运新政的各项要求和相关规定，在评估过程中针对安全查验（新政第八、第九条）、实际承运人资质审核（新政第十条）、保险覆盖（新政第十五条）、准入和退出机制建立（新政第十七条）、信用评级体系建立（新政第十七条）、投诉及咨询服务（新政第十七条）、信息储存及查验（新政第十八条）等方面作出明确打分细则，对尚未健全相关机制的企业进行提醒与引导，不符合相关要求的企业无法通过 A 级网络货运平台企业评估，有效促进政策落实，维持行业经营秩序，消除恶性竞争。

3. 继续围绕网络货运制定相关标准

为进一步规范网络货运平台发展，帮助企业提升管理能力和服务能力，平台分会牵头制定了两项团体标准：《网络货运平台实际承运人信用评价指标》和《网络货运平台运单验证要素和管理要求》。其中，《网络货运平台实际承运人信用评价指标》是贯彻落实《网络平台道路货物运输经营管理暂行办法》中关于明确实际承运人准入和退出机制、建立对实际承运人的信用评价体系的有效指导性标准，对降低企业内部管理风险、维持市场秩序有着积极作用。同时，为网络货运经营者未来拓展实际承运人相关金融、保险业务奠定坚实的数据基础。在《网络货运平台实际承运人信用评价指标》正式实施后，依据相关规定，中国物流与采购联合会拟在诚信联盟范围内开展实际承运人信用信息共享工作，形成网络货运领域实际承运人红、黑名单动态数据库，对于黑名单内的承运主体建立“一处失信、处处受限”的行业环境；同时，对服务质量高、信用好的红名单承运主体给予一定的服务优惠及表彰，扩大信息共享覆盖面，弥补原有信用信息共享工作的不足。

《网络货运平台运单验证要素和管理要求》主要针对网络货运平台在金融贷款、保险服务中无优势话语权问题，联合金融保险机构，以网络货运平台实际交易数据为依托，根据金融、保险服务的业务特点，对网络货运平台上产生的运单数据进行校验，确保平台业务的真实性，在合规的基础上满足商业监管的要求，为网络货运平台企业增信提供重要依据。发挥网络货运平台互联网属性的优势，引导企业对沉淀在平台内部的大量交易数据进行深度挖掘和使用，利用数据价值拓展供应链金融服务，进一步提升平台服务质量。

此外，平台分会还计划制定两项团体标准《网络货运平台实际承运人信用评价指标》和《物流信息撮合平台服务规范》，进一步完善网络货运标准体系。目前已经制定的标准的主要评价和应用对象仅限于网络货运平台企业本身及其产业链下游，对于货主端的信用评价暂无现行标准可以参考。从供应链的角度来看，货主在整个供应链条中处主导地位，在供应链金融服务中，链主（即货主）也是金融机构评定风险的重要因素。因此平台分会将进一步完善相关标准，建立符合网络货运业态的货主端信用评价体系，服务于企业内部管理和金融服务的拓展。

在新政出台以后，从政策法规的角度对网络货运的法律地位及责任划分有了明确的规定，但是对于物流信息撮合服务（即物流信息服务）没有明确的定义，导致部分企业在从事信息服务的过程中遇到纠纷时，没有相关法律法规和行业标准可以参考，进而在责任划分、赔偿认定时存在较大的困难，存在承担责任过重、盲目追责等问题。因此平台分会计划以团体标准的形式规范信息撮合业务的经营行为和应承担的责任边界，帮助企业解决实际经营中遇到的困难。

（中国物流与采购联合会物流信息服务平台分会　晏庆华、金妲颖）

附件　第一批 A 级网络货运平台企业名单

（共 23 家　企业排名不分先后）

5A 级企业（10 家）：
物泊科技有限公司
上海天地汇供应链科技有限公司
山西快成物流科技有限公司
德邻陆港（鞍山）有限责任公司
南京福佑在线电子商务有限公司
中储南京智慧物流科技有限公司
合肥维天运通信息科技股份有限公司
福建好运联联信息科技有限公司
中原大易科技有限公司
西安货达网络科技有限公司
4A 级企业（8 家）：
天津长久智运科技有限公司
百世优货科技（天津）有限公司
上海胖猫物流有限公司
山西云启正通物流有限责任公司
安徽慧联运科技有限公司
山东万和通物流科技有限公司
湖南天骄物流信息科技有限公司
成都积微物联集团股份有限公司
3A 级企业（5 家）：
介休晋能卡车司机运输有限公司
中成智运（辽宁）网络科技有限公司
无锡远迈信息技术有限公司
河南省脱颖实业有限公司
云南旺宸运输有限公司

专 题 报 告

2020年钢铁物流服务平台发展现状与未来展望

2020年是全面建成小康社会和“十三五”规划收官之年、“十四五”规划谋篇之年，也是打赢蓝天保卫战、脱贫攻坚战的决胜之年。钢铁物流行业着力优化钢铁物流服务平台相关功能和服务拓展，以“业务数字化、信息化、网络化、全程可视化”为钢铁物流高质量发展提供保障。

一、2020年钢铁物流服务平台发展现状

（一）钢铁行业发展的主要特点

2020年上半年，钢铁行业逐渐摆脱新冠肺炎疫情影响，复工复产有序推进，生产经营保持平稳运行态势。

一是生产维持高位运行。2020年6月，全国生铁、粗钢、钢材产量分别为7764万吨、9158万吨和11585万吨，同比分别增长4.1%、4.5%和7.5%；1—6月，全国生铁、粗钢、钢材产量分别为4.33亿吨、4.99亿吨和6.06亿吨，同比分别增长2.2%、1.4%和2.7%。

二是钢材价格低位徘徊。据中国钢铁工业协会监测，2020年6月，中国钢材价格指数平均为103.1点，同比下降5.4%；1—6月，中国钢材价格指数平均为101.0点，同比下降7.7%，其中，长材平均下降8.2%，板材平均下降7.5%。

三是钢材贸易压力攀升。据海关总署数据，2020年6月，全国出口钢材370.1万吨，同比下降30.2%；进口钢材187.8万吨，同比增长98.7%。1—6月，全国累计出口钢材2870.4万吨，同比下降16.5%；全国累计进口钢材734.3万吨，同比增长26.1%。

四是经济效益大幅下滑。据国家统计局数据，2020年6月，黑色金属冶金及压延加工业实现营业收入6391亿元，同比增长6.0%；实现利润总额347.5亿元，同比增长35.3%。1—6月，黑色金属冶金及压延加工业实现营业收入

31860.4 亿元，同比下降 3.8%；实现利润总额 840.8 亿元，同比下降 40.3%。

五是钢材库存维持高位。据中国钢铁协会监测，2020 年 6 月下旬，重点统计企业钢材库存 1362 万吨，比 5 月末增加 33 万吨，增幅 2.5%；同比增加 239 万吨，增幅 21.3%。全国主要钢材市场五种钢材（中板、冷轧薄板、热轧薄板、线材和螺纹钢）社会库存量为 1216 万吨，环比下降 96 万吨，降幅 7.3%；同比增加 71 万吨，增幅 6.2%。

六是矿石进口量价齐增。据海关总署数据，2020 年 6 月，铁矿石进口 10168 万吨，环比增长 16.8%，同比增长 35.3%；进口均价 100.8 美元/吨，环比增长 10.0%。1—6 月，铁矿石累计进口 54691 万吨，同比增长 9.6%；进口均价 90.2 美元/吨，同比增长 0.9%，较第一季度增长 1.8%。

七是钢材消费持续增长。2020 年 6 月，我国粗钢表观消费量 9031 万吨，同比增长 8.6%；1—6 月，我国粗钢表观消费量 48066 万吨，同比增长 3.8%。从下游用钢行业情况看，与第一季度相比，第二季度房地产新开工施工面积、汽车产量、船舶产量分别增长 145.8%、87.1%、55.9%，有力支撑了钢铁产量的增长。

（二）钢铁物流服务平台发展的主要特点

1. 标准引领、推动钢铁物流高质量发展

2020 年 5 月 13 日，中国物流与采购联合会举办《网络货运平台服务能力评估指标》等三项团体标准宣贯、评估工作新闻发布会，网络货运服务能力评估工作正式开始。9 月 16 日，首批 A 级网络货运平台企业 23 家通过审核。其中，钢铁物流 5A 级企业有德邻陆港（鞍山）有限责任公司、物泊科技有限公司等 5 家，钢铁物流 4A 级企业有成都积微物联集团股份有限公司、上海胖猫物流有限公司等 6 家，钢铁物流 3A 级企业有介休晋能卡车司机运输有限公司等 3 家。这 14 家企业依据《网络货运平台服务能力评估指标》（T/CFLP 0024—2019）团体标准和中国物流与采购联合会 A 级网络货运平台企业评估的相关制度办法，从企业的平台基本信息、平台服务能力、系统支撑能力、平台管理能力和安全与风险管理能力五个方面展示了其平台服务能力，在中国物流与采购联合会按照“企业自检、申请、审核、现场评估、审定和公示”等规范的评估程序评估后获得服务能力的认可。

2020 年 1—9 月全国共发布钢铁物流行业团体标准《汽车板材料物流配送服务技术规范》（T/CAMT 4—2020）、《钢铁物流道路运输服务评价指标》（T/CAMT 5—2020）、《钢板剪切加工中心建设与管理规范》（T/CAMT 6—2020）等多项助力钢铁物流行业高质高效和绿色化发展的标准。在工信部立项的钢铁物流类行业标准《钢铁企业物流成本构成及计算》《钢材仓储管理规范》《钢

铁物流数字化仓储系统规范》《钢铁第三方道路运输服务评价要求》《钢铁行业运输服务平台技术规范》等多项标准都已完成报批稿并上交相关部门，《钢铁电商物流服务平台运营管理规范》等多项团体标准正在编制过程中。协会和行业内物流企业都以标准化、规范化管理为手段不断提高钢铁物流服务平台的服务质量和水平，为钢铁物流健康有序发展提供保障和动能。

作为国家级标准化试点单位的鞍山钢铁集团有限公司构建并实施的“推动全供应链高质量发展的钢铁物流标准化体系建设”项目获第二十六届全国企业管理现代化创新成果二等奖，该公司将深化标准化工作改革要求落到了实处，建立起能够指导我国钢铁物流标准化建设的管理体系，夯实了钢铁物流的标准化技术基础，公司参与市场竞争能力显著增强。

2. 智慧化“物流生产运营服务平台”助力降本增效

2020 年钢铁物流服务平台的实施路径逐渐凸显“业务驱动、技术支撑、数据融合、协同共赢”的特点。是以业务为驱动将钢铁物流服务平台分化为“管理决策平台”“生产运营平台”“创新服务平台”“供应链服务平台”四个方向。这四个方向平台面向钢铁行业物流价值链互联互通，综合利用智能化和物联网技术，助力企业流动资产的效率提升。例如，生产运营平台方面，2020 年随着鞍钢股份炼铁总厂西区混匀料场智能物流管控平台上线，料场 4 台堆取料机成功实现智能堆取、无人化操作，标志着鞍钢首套智能化堆取料机自主创新技术成功应用，开启了大宗原燃料仓库无人化新时代。2020 年宝钢股份宝山基地的钢制品无人化仓库持续发力，传统仓库需要员工 130 ~ 150 人，现在仓库的现场不再需要工人从事繁重的劳作，取而代之的是监控人员在智能化的控制中心确保系统顺利运转；将来，独立运行的仓库和码头通过高载重无人框架车贯通起来，最终形成智能化运行的物流网络。

3. “物流创新服务平台”提供卓越精准优质服务

2020 年钢铁物流人在钢铁物流创新服务平台建设中，着力创新出不同的“云仓”模式挖掘价值空间、满足客户需求。“云仓”模式是基于实体仓储设施网络，利用数字化技术、结合互联网平台打造的仓储资源共享服务模式。随着客户需求的不断变化，钢铁物流人打破传统仓库管理模式，改自有仓为共享仓、改封闭管理为共享管理，利用数字化技术充分挖掘仓库资源价值，整合国内闲置仓储资源，减少重复建设，实现“云仓”管理，提升仓配服务效率的同时满足了客户需求。基于互联网平台，钢铁物流人整合各地仓储资源实现互联互通；基于云计算、大数据分析等，对全国仓储设施进行统筹化管理，对库存进行自动规划布局与按需调拨，缩短配送距离和时间，加快订单响应速度，同时减少库存积压、降低运营成本，实现整体效率提升。例如南钢集团的《基于数字化、网络化、智能化的智慧供应链生态体系建设》、宁波钢铁的《基于供应链库存管理打造钢铁企业敏捷制造服务体系探索和实践》、柳钢物流的《打造智慧物流云平台，整合资源，提供多式联运解决方案》获“冶金管理创新奖”；鞍钢股份的《鞍钢智能云仓互联系统》，欧冶云商、上海宝信公司的《钢铁供应链交易服务平台及其核心技术研发》获“冶金科学技术奖”；德邻陆港实施的“德邻陆港智慧供应链服务平台”、积微物联实施的“积微运网智慧物流平台研发和物流示范”获评工业和信息化部“国家新型信息消费示范项目”。

4.“物流供应链服务平台”拓展钢铁物流发展空间

2020 年钢铁物流业开展钢铁物流供应链服务体系建设，发挥钢铁供应链协同力量，拓展钢铁物流发展空间。自《商务部等 8 部门关于开展供应链创新与应用试点的通知》（商建函〔2018〕142 号）下发以来，鞍山钢铁、宝钢欧冶、河钢集团、马钢、太钢、沙钢 6 家成功入选的试点企业以试点为契机，积极探索钢铁供应链发展技术和模式，加强与供应链上下游企业的协同和整合，实现了产业降本增效、供需匹配和绿色发展。2020 年以来，河钢集团加强试点组织保障工作，加快推进“大云移物智”等现代信息技术在钢铁产业供应链中的应用，以交易、金融、物流、信息四大系统为支撑，构建供应链综合管理平台，提质降本增效效果明显，在绿色供应链发展和海外供应链布局等方面开展了有益探索，项目建设具有一定代表性和行业引领性。欧冶云商大力推动现代信息技术与生态圈场景的深度融合，探索智能供应链协同服务，促进物流全程数字化、可视化和智能化服务，助力钢厂到终端用户的供应链精准交付，拓展数据征信、区块链增信等服务，提升供应链信用水平。鞍山钢铁集团有限公司开展现代供应链体系建设，重点围绕“四化”，即标准化、智能化、协同化、绿色化，以“五统一”，即统一标准体系、统一物流服务、统一采购管理、统一信息采集、统一系统平台为主要手段，充分发挥链主企业的引导辐射作用、供应链服务商的管理作用，加快推动供应链各环节设备衔接、数据交互顺畅，资源协同共享，促进资源跨区域流动和合理配置，以钢铁供应链打造企业价值新优势，实现了环境、社会、经济效益的共同提升。太钢、马钢、沙钢等单位在供应链创新与应用方面也都取得了优异的实践成果。

5. 创新驱动、提升钢铁物流市场竞争力

2020 年，钢铁物流人围绕当前企业改革与企业管理面临的重点、难点问题，在管理创新、科技创新、信息化优秀案例方面努力工作，以众多科研成果为提升钢铁物流业国际竞争力作出了贡献。

管理创新方面，福建三钢闽光股份有限公司的《物联云商平台构建与实施》、马钢的《以多式联运助推钢铁物流生态圈建设的创新实践》获“2020 年冶金管理创新奖一等奖”；南钢集团的《基于用户个性化需求的智慧仓配一体化管理》、中国北方稀土（集团）高科技股份有限公司的《稀土产品追溯监管体系的创新与实践》、云南水泥建材集团有限公司、云南昆钢电子信息科技有限公司的《“互联网+”实现水泥进出厂物流智慧管理的创新实践》、长春宝钢钢材贸易有限公司的《基于人工智能的钢铁业一体化供应链管理新模式探索与实践》获“2020年冶金管理创新奖二等奖”；青岛特殊钢铁有限公司的《搭建铁前物流一体化运营管控模式，降低物流费用》、攀钢集团攀枝花钢钒有限公司的《建立铁路运输管控一体化系统》、广西柳钢物流有限责任公司的《基于北斗卫星定位技术的物流运输管理系统（TMS）系统（产业）应用与推广》、（河钢集团）邯郸钢铁集团有限责任公司的《基于环保新常态下的内陆大型钢铁联合企业物流管理体系优化整合》、马钢集团财务有限公司的《以核心企业为主导的供应链金融创新与实践》、成都西部物联集团有限公司的《积微物联大数据应用分析平台的构建与运营》、河南安钢物流有限公司的《企业销售端“链式物流价值共同体”的管理创新与实践》获“2020年冶金管理创新奖三等奖”。

技术创新方面，浙江物产物流投资有限公司、浙江大学数学科学学院的《物产物流钢铁仓储智能化管理策略研究与实践》，云南宝象物流集团有限公司、云南昆钢电子信息科技有限公司的《宝象智慧供应链云平台》，德邻陆港（鞍山）有限责任公司的《德邻陆港工业互联网综合服务平台》获2020年中国物流与采购联合会颁发的“科技进步奖二等奖”。

信息化优秀案例方面，上海钢蜂物流科技有限公司的《钢蜂云链》、云南宝象物流集团有限公司的《基于宝象智慧供应链云平台的仓配一体服务》、上海钡云网络科技有限公司的《基于互通型SaaS的智慧钢厂物流》、德邻陆港（鞍山）有限责任公司的《德邻畅途平台》分别榜上有名。

二、2021年钢铁物流服务平台发展展望

2021年，钢铁物流服务平台实践将在五大重点、难点工作发力攻坚。

（一）推进产业升级、支撑“钢铁强国”

坚持目标导向，重点研究钢铁物流行业“十四五”规划，推进产业升级、支撑“钢铁强国”。

中国钢铁行业高质量发展趋势包含三个“不变”（钢铁生产消费仍将在较长时期保持高位水平、钢铁产业仍将在较长时期保持基础产业和战略新兴产业重要支撑地位以及钢铁产业仍将在较长时期内是国家宏观调控和政策措施的重点对象）和十个“变化”（产业布局、产能及技术装备、制造方式、商业模

式、用钢需求、流程结构、组织结构、绿色发展、低碳发展和资本结构的变化）。针对上述“不变”和“变化”，钢铁物流服务平台发展要顺应钢铁消费升级、产业升级新需求，向精细化、高品质发展；要创建标杆服务企业和服务品牌；要构建面向全球的钢铁物流与供应链服务体系，要加强钢铁理论体系、学科体系、人才培养体系、标准体系、统计体系和政策体系建设，夯实钢铁物流业持续健康发展的基础。

（二）强化供应链协同、共建产业生态圈

一是要有国际的视野，要构建全球钢铁物流骨干网，打牢物流基础；二是要坚持科技引领和技术驱动，抓住5G商业应用的历史机遇和“5G + 云 + AI”数字经济新时代的新引擎，强化共性技术协作攻关和行业推广，推动数字经济、平台经济变革，打造钢铁物流互联网，助力产业向数字化、智能化、平台化转型，建设智慧物流新生态；三是要充分挖掘区块链技术潜力，推进区块链与钢铁物流产业相结合的项目落地，激发钢铁物流高质量发展的新动能；四是要围绕为供应链上下游企业节约成本、提高效率而实施的业态创新、模式创新、技术创新；五是做好供应链金融创新。总之，贯穿全供应链的数字化、平台化、智能化、国际化、多元化将是钢铁物流创新的重点。

（三）完善应急物流、筑牢高效救援基石

外部交通运输是钢铁企业供应链体系的重中之重，新冠肺炎疫情的暴发对钢铁企业外部交通运输造成各种负面的影响。面对疫情，完善应急物流、筑牢高效救援基石是摆在钢铁物流人眼前的考卷。一是要总结经验、梳理制度，建立重大事件物流应急管理办法或应急方案，健全企业应急物流管理体系。包括建立紧急事件决策机构；评估风险并明确紧急事件响应机制、预案、人员分工；建立与供应商及客户的信息沟通机制和标准文件；分析不同业务和工作岗位性质，采取相应复工方案；制订供应链风险的应对计划；安排员工数据、信息安全及隐私管理计划等。二是要发挥铁路运输在钢铁企业大宗货物运输当中的中流砥柱作用。铁路运输拥有运能大、能耗低、排放小、可靠性高、受外界干扰小等诸多比较优势，是部分内陆型钢铁企业外部运输条件的重要保障。在国家“公转铁”充分发挥铁路运输规模经济优势和绿色环保优势，调整运输结构、实现综合交通高质量发展的大背景下，内陆型钢铁企业应继续完善铁路专用线的建设，以多种方式保障企业在不同情况下的安全顺行。三是要利用社会化协同平台提高网络规模效益和应对风险能力。四是钢铁企业在物流环节中应充分做好新冠肺炎疫情流行期间的营运防控。要制定各环节防控指南，严格按照程序与步骤执行指南内容，切实保障从业人员身体健康。实现没有发生任何

感染病例情况下的保供保产、安全顺行。

（四）坚持标准引领、储能产业快速发展

一是要强化顶层设计，提升钢铁物流标准化工作的战略定位；二是瞄准国际标准提高水平，突破一批在钢铁物流骨干网建设中“卡脖子”的关键核心技术，实现钢铁物流行业质量变革、效益变革、动力变革，赋能钢铁物流行业转型升级；三是要加快新旧动能转换标准体系建设。完善能耗限额、污染物排放、安全生产、应急管理等领域物流标准。加快智慧物流、绿色物流、高端物流装备、新能源物流车、大数据等产业领域团体和企业标准制定。四是要深入开展理论研究，增强钢铁物流创新驱动支撑力。例如，成立智慧物流研究院，以现有运输、仓储、园区等业务场景为基础，紧紧围绕现代物流发展趋势和方向，加强智慧物流的创新研究，聚焦物流领域新模式、新技术、新方法，聚集企业、政府、高等院校以及专家、学者的力量，研究开发适应企业发展需要的新业务、新模式和关键技术，打造成为物流与供应链智库，为重大物流与供应链决策提供理论方法及技术支撑。切实推进相关研究成果在企业的运用实施，促进知识成果在企业经营中的转化和应用，提升企业竞争力，促进行业降本增效，实现高质量发展。

（五）着力绿色物流，烙下“中国钢铁印记”

世界钢铁工业发展已进入“中国时代”，正由中国引领。引领世界钢铁工业发展的未来，中国不会停留在创造经济效益层面，而是要站在可持续发展和国家、民族的高度，为世界烙下“中国印记”。中国钢铁的引领首先就是要进一步拓宽绿色发展的内涵，在创新和服务上实现突破。中国钢铁将绿色发展定位在除回收利用、低碳减排外的重大工艺改造方面，实施绿色矿山、绿色采购、绿色制造、绿色产品、绿色物流、绿色产业等多位一体的绿色发展方案。按照这一思路，2020 年国内钢铁物流行业相关企业将不断拓宽技术创新和工艺改造之路，按照高水平的绿色化、有序化、品质化、标准化、差异化、服务化、智能化、多元化、国际化的九化协同，重塑钢铁物流产业价值链，钢铁物流服务平台实践要在钢铁物流产业价值链中起支撑作用，不断提高钢铁行业国际竞争力。

（鞍山钢铁集团有限公司　侯海云）

参考文献

[1] 中华人民共和国工业和信息化部 . 2020 年上半年钢铁行业运行情况

[EB/OL]. (2020 - 07 - 30) [2020 - 11 - 01]. http://www.miit.gov.cn.

[2] 李新创. 中国钢铁高质量发展趋势的十变三不变 [EB/OL]. (2019 - 12 - 18) [2020 - 11 - 01]. https://mp.weixin.qq.com/s/Q8G8ggAm3oIxc TMN-Wugy6A.

[3] 冶金工业规划研究院总图物流处. 新冠肺炎疫情对钢铁企业物流运行的影响分析和应对策略 [EB/OL]. (2020 - 02 - 15) [2020 - 11 - 01]. https://mp.weixin.qq.com/s/qVYuWfj4GyX2GnT - Ptjd - Q.

[4] 冶金传媒. 独家专访: 世界钢协主席于勇谈钢铁未来 [EB/OL]. (2019 - 11 - 20) [2020 - 11 - 01]. https://mp.weixin.qq.com/s/fipocYl8nvXN cb25VCobvg.

2020 年 1—10 月大宗商品物流市场运行情况报告

一、2020 年 1—10 月宏观经济运行及运输市场发展概况

（一）宏观经济运行情况

2020 年前三季度，面对新冠肺炎疫情的巨大冲击和复杂严峻的国内外环境，在以习近平总书记为核心的党中央坚强领导下，各地区各部门科学统筹疫情防控和经济社会发展，有力有效推动生产生活秩序恢复，前三季度经济增速由负转正，供需关系逐步改善，市场活力动力增强，就业民生较好保障，国民经济延续稳定恢复态势，社会大局保持稳定。

2016—2020 年第三季度分季度 GDP 增速变化如图 1 所示。

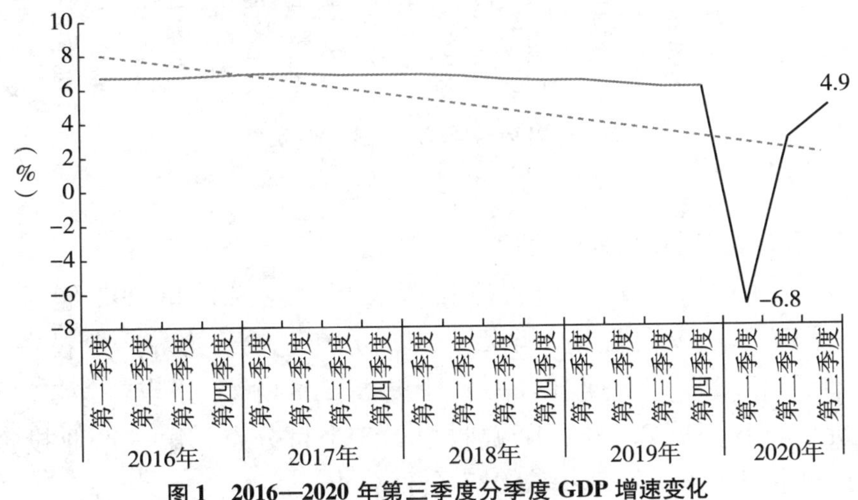

图 1　2016—2020 年第三季度分季度 GDP 增速变化

资料来源：国家统计局。

1. 经济增长继续向好

2020 年 1—9 月，中国 GDP 为 722786 亿元，按不变价格计算，同比增

长0.7%。

分季度看，第一季度增速为-6.8%，第二季度增速为3.2%，第三季度增速为4.9%。第二季度较第一季度增速回升10个百分点，第三季度较第二季度增速再回升1.7个百分点。

分产业看，第一产业增加值48123亿元，同比增长2.3%；第二产业增加值274267亿元，同比增长0.9%；第三产业增加值400397亿元，同比增长0.4%。

2. 制造业PMI连续9个月位于荣枯线以上

国家统计局发布的2020年10月中国制造业采购经理指数（PMI）为51.4%，虽略低于9月0.1个百分点，但自7月以来始终位于51.0%及以上，制造业总体持续回暖。2020年11月，PMI为52.1%，比10月上升0.7个百分点，连续9个月位于荣枯线以上，表明制造业恢复性增长有所加快。2016—2020年11月PMI走势如图2所示。

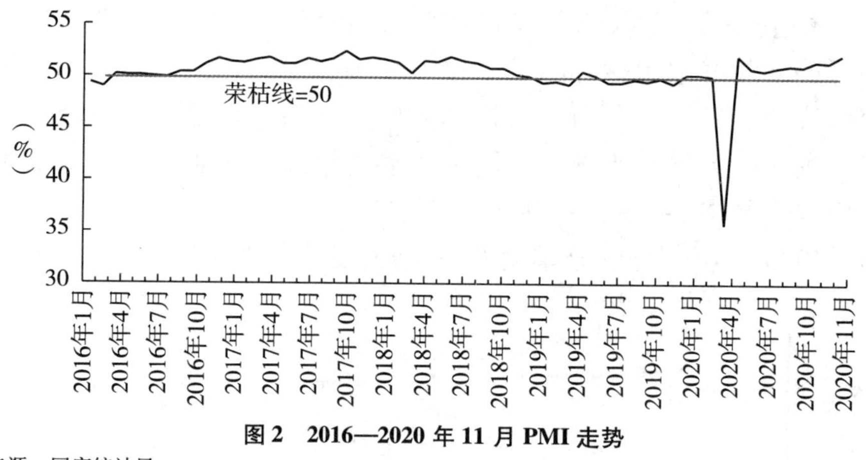

图2　2016—2020年11月PMI走势

资料来源：国家统计局。

3. 固定资产投资同比增长情况

2020年1—10月，全国固定资产投资（不含农户）483292亿元，同比增长1.8%，增速比1—9月提高1个百分点。分产业看，第一产业投资11861亿元，同比增长17.3%，增速比1—9月提高2.8个百分点；第二产业投资138736亿元，同比下降2.1%，降幅收窄1.3个百分点；第三产业投资332695亿元，同比增长3.0%，增速提高0.7个百分点。

2020年1—10月，全国房地产开发投资116556亿元，同比增长6.3%，增速比1—9月提高0.7个百分点；商品房销售面积133294万平方米，同比持平，增速比1—9月下降1.8个百分点。其中，住宅销售面积同比增长0.8%，办公楼销售面积同比下降14.5%，商业营业用房销售面积同比下降14.0%。商品房销售额131665亿元，同比增长5.8%，增速比1—9月提高2.1个百分点。其中，住宅销售额同比增长8.2%，办公楼销售额同比下降12.8%，商业营业用房销售额同比下降15.8%。

4. 贸易结构持续优化

2020年1—10月，中国货物进出口总额259521亿元，同比增长1.1%，规模创历史同期新高。其中，出口143296亿元，同比增长2.4%；进口116224亿元，同比下降0.5%。贸易结构持续优化。进出口相抵，贸易顺差27072亿元。

5. 煤炭供应稳定，火电缓慢恢复

原煤生产由降转增。2020年1—10月全国原煤产量为312742.7万吨，同比增长0.1%。10月全国原煤产量为33662.8万吨，同比增长1.4%。

煤炭进口降幅继续扩大。2020年10月，进口煤炭1373万吨，环比减少495万吨，同比下降46.6%；2020年1—10月，进口煤炭2.5亿吨，同比下降8.3%。

2020年1—10月全国绝对发电量60288亿千瓦时，同比增长1.4%。其中，火力绝对发电量42333亿千瓦时，同比下降0.4%，占全国发电总量的70.2%。水力绝对发电量10444亿千瓦时，同比增长4.2%，占全国发电总量的17.3%。2016—2020年1—10月全国绝对发电量、火力绝对发电量及其增速如图3所示。

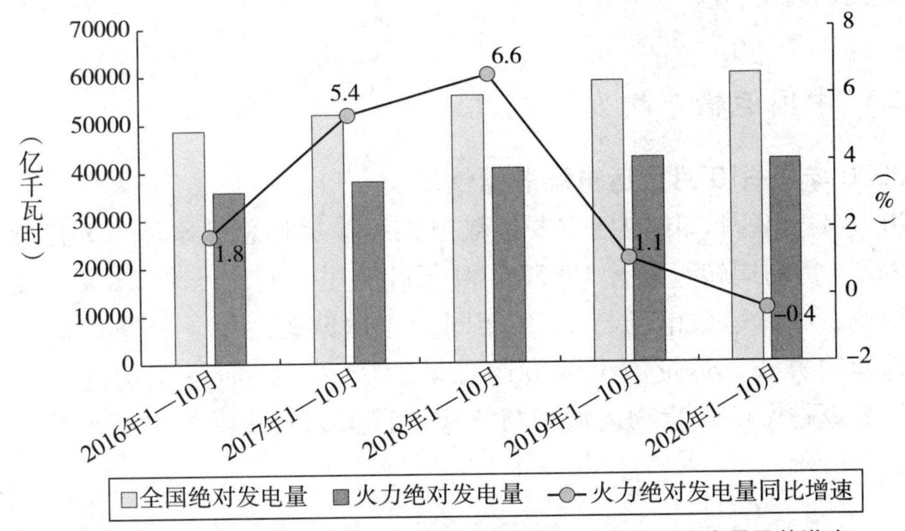

图3 2016—2020年1—10月全国绝对发电量、火力绝对发电量及其增速

资料来源：国家统计局。

2020年1—10月，中国生铁、粗钢、钢材产量分别为7.41亿吨、8.74亿吨和10.83亿吨，同比分别增长9.8%、5.4%和7.2%（见表1）。

表 1　　2019—2020 年 1—10 月生铁、粗钢、钢材产量及增长情况

时间	生铁		粗钢		钢材	
	产量（亿吨）	同比增速（%）	产量（亿吨）	同比增速（%）	产量（亿吨）	同比增速（%）
2019 年 1—10 月	6. 75	5. 4	8. 29	7. 4	10. 10	10. 0
2020 年 1—10 月	7. 41	9. 8	8. 74	5. 4	10. 83	7. 2

2016—2020 年 1—10 月钢材产量及增速如图 4 所示。

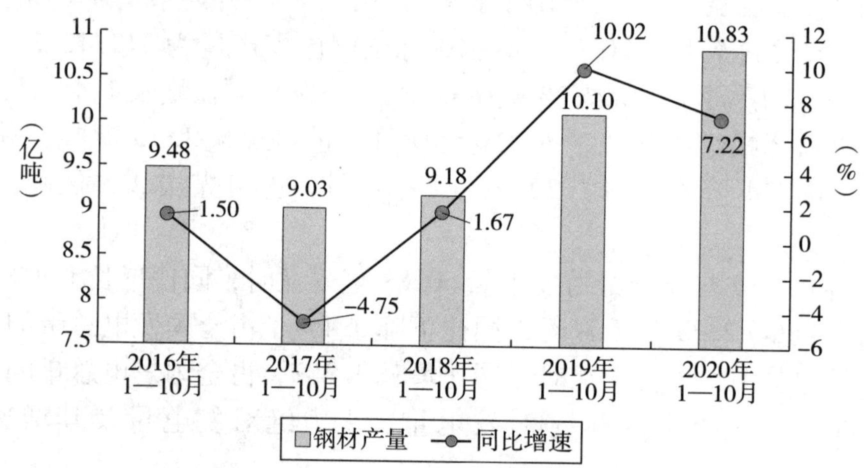

图 4　2016—2020 年 1—10 月钢材产量及增速

资料来源：国家统计局。

（二）中国运输市场发展概况

1. 2020 年 1—10 月货运市场总量情况

2020 年 1—10 月，国内各主要运输方式运输货物总量累计 372 亿吨，同比下降 2. 2%。货物周转量总计 158578. 60 亿吨公里，同比下降 2. 5%。受新冠肺炎疫情影响，整体运输市场与 2019 年同期相比偏弱运行。公路运输是国内主要的货物运输方式，运量占全国货运总量的 73. 6%，而民航运输方式体量最小，并且受疫情影响，货物运输量与货物周转量的同比降幅远高于其他运输方式，如表 2 所示。

表 2　　2020 年 1—10 月各运输方式货物运输总量及周转量情况

运输方式	货物运输量（亿吨）	同比增长（%）	货物周转量（亿吨公里）	同比增长（%）
铁路	36. 6	3. 2	24813. 16	0. 6
公路	273. 7	−2. 4	48063. 02	−1. 1

续表

运输方式	货物运输量（亿吨）	同比增长（%）	货物周转量（亿吨公里）	同比增长（%）
水路	61.7	-4.4	85512.07	-4.1
民航	0.05	-12	190.35	-11.4
总计	372	-2.2	158578.60	-2.5

资料来源：国家统计局。

（1）铁路运输。

2020 年 1—10 月，铁路货物运输量为 36.6 亿吨，同比增长 3.2%。铁路货物周转量为 24813.16 亿吨公里，同比增长 0.6%。与其他运输方式相比，铁路在货物承运中表现相对稳定。

（2）公路运输。

2020 年 1—10 月，公路货物运输量为 273.7 亿吨，同比下降 2.4%。公路货物周转量为 48063.02 亿吨公里，同比下降 1.1%。

（3）水路运输

2020 年 1—10 月，水路货物运输量为 61.7 亿吨，同比下降 4.4%。水路货物周转量为 85512.07 亿吨公里，同比下降 4.1%。

2. 各运输方式建设情况

随着统筹疫情防控和经济社会发展，交通运输各项工作发力见效，交通投资得到恢复，2020 年 1—10 月交通固定资产（公路、铁路、水路）完成投资 27576.8 亿元，同比增长 8.3%，保持较快增长（见图 5）。

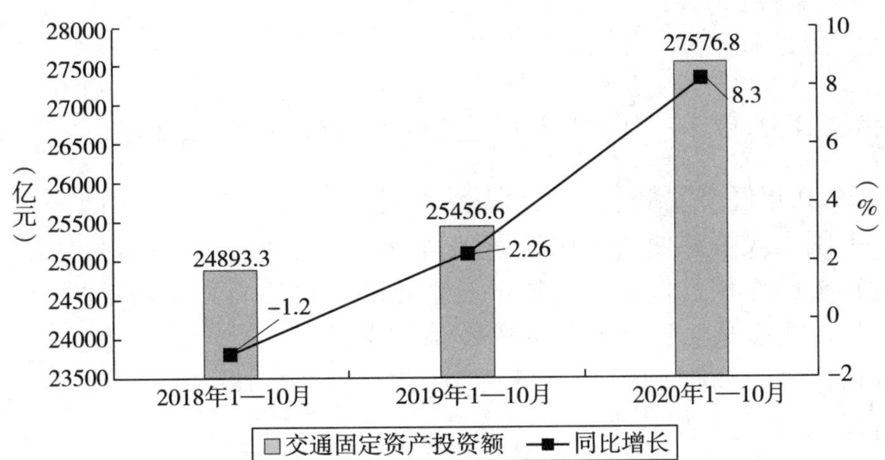

图 5　2018—2020 年 1—10 月交通固定资产投资情况

资料来源：国家统计局。

分运输方式看，2020 年 1—10 月，公路、水路完成投资 21494.8 亿元，同比增长 11.8%，超过全年投资目标的 19.4%。其中，公路完成投资 20271.7 亿元，同比增长 12.0%，内河、沿海分别完成投资 529 亿元和 508.4 亿元，分别增长 11.3% 和 20.6%，相关其他建设 185.7 亿元；铁路投资完成 6082 亿元，同比减少 2.3%，其中 10 月完成 551 亿元，同比下降 18.54%。2020 年 1—10 月各运输方式交通固定资产投资额占比如图 6 所示。

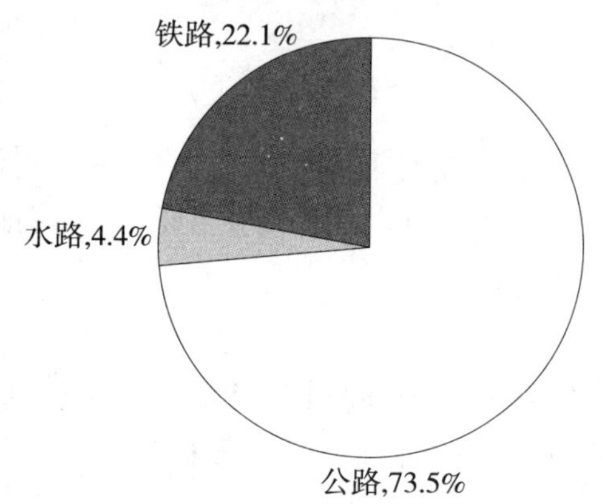

图 6　2020 年 1—10 月各运输方式交通固定资产投资额占比

资料来源：交通运输部。

2020 年下半年，交通运输部继续着力扩大固定资产有效投资，积极谋划和推进一批交通重大项目建设，包括川藏铁路、京雄高速北京段、深中通道等服务国家重大战略的项目。

二、2020 年 1—10 月大宗商品汽运市场概况与区域市场分析

（一）2020 年 1—10 月中国主要大宗商品生产情况

随着 2020 年经济发展的外部环境不断恶化，中国能源使用更多倾向于内部供应，中国煤炭资源使用占比远高于其他化石能源，在国民经济发展过程中起到举足轻重的作用。作为工业建设最重要的基础原料，中国钢材产量常年居世界第一位，对煤焦、铁矿石等基础资源需求量巨大，因此，是全球重要的煤焦生产基地以及最重要的铁矿石进口国。下文将着重从煤炭、焦炭、铁矿石、钢材进行详细分析。

2020 年 1—10 月，全国原煤产量 31.3 亿吨，同比增长 2.3%；2020 年 1—10 月全国焦炭产量达到 3.91 亿吨，同比下降 0.5%；2020 年 1—10 月全国铁矿石产量 7.15 亿吨，同比增长 0.4%；2020 年 1—10 月全国钢材产量 10.83 亿吨，同比增长 7.2%（见表 3 和图 7）。

表 3　2019 年 1—10 月与 2020 年 1—10 月主要大宗商品产量对比

品种	2020 年 1—10 月产量（亿吨）	2019 年 1—10 月产量（亿吨）	同比增速（%）
原煤	31. 3	30. 6	2. 3
焦炭	3. 91	3. 93	-0. 5
铁矿石	7. 15	7. 12	0. 4
钢材	10. 83	10. 1	7. 2
总量	53. 19	51. 75	2. 8

资料来源：国家统计局。

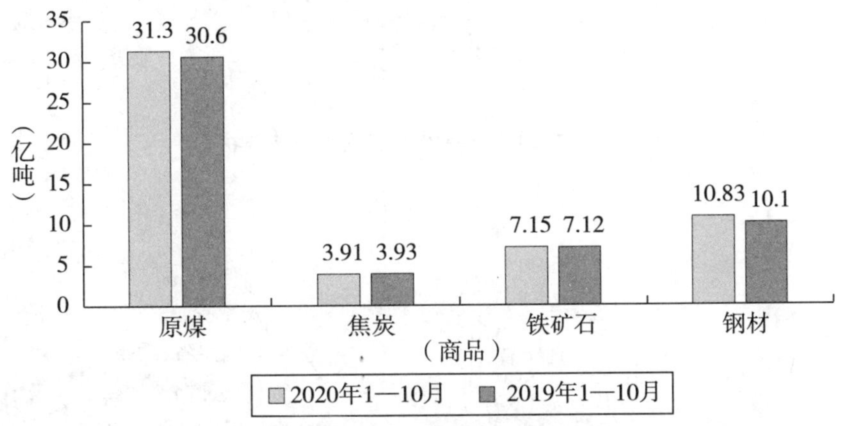

图 7　2019 年 1—10 月与 2020 年 1—10 月主要大宗商品产量

2020 年 1—10 月，中国主要大宗商品总产量达到 53. 19 亿吨，同比增长 2. 8%。在新冠肺炎疫情严重影响的情况下，全国主要大宗商品产量保持稳定增长势头，特别是山西、陕西、内蒙古的原煤、焦炭产量比重较高，对运输需求巨大。

原煤方面，2020 年 1—10 月全国原煤产量完成 31. 3 亿吨，同比增长 2. 3%。分地区看，山西省原煤产量跃居全国第一，达到 8. 67 亿吨，占全国原煤总产量的 27. 7%，山西、内蒙古、陕西的原煤产量共计 22. 22 亿吨，占全国的 71%，晋陕蒙地区在全国煤炭生产运输过程中占据重要地位。2020 年 1—10 月原煤主产区分布如图 8 所示。

焦炭方面，2020 年 1—10 月山西省焦炭产量全国第一，达 8882. 7 万吨，占全国焦炭总产量的 23%，山西、内蒙古、河北、陕西的焦炭总产量为 20305. 3 万吨，占全国的 52%。晋陕蒙冀地区在全国焦炭生产运输过程中占据重要地位。2020 年 1—10 月焦炭主产区分布如图 9 所示。

铁矿石方面，2020 年 1—10 月，全国铁矿石产量为 7. 15 亿吨，同比增长 0. 4%。主产地分布方面，河北省铁矿石产量最高，占全国总产量的 37%，其

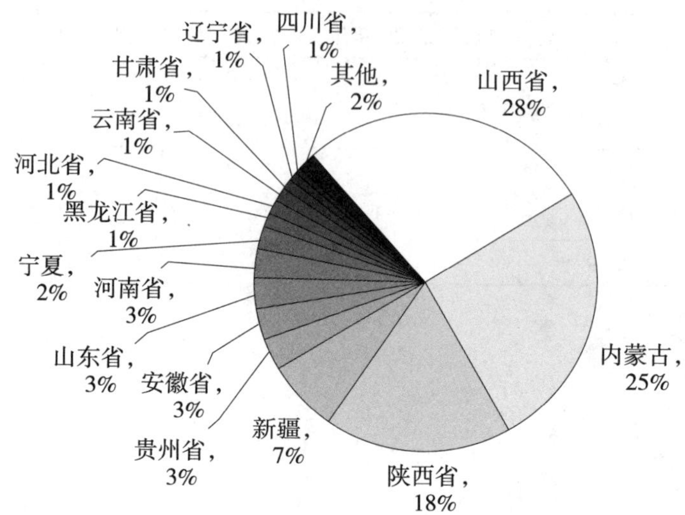

图 8　2020 年 1—10 月原煤主产区分布

资料来源：国家统计局。

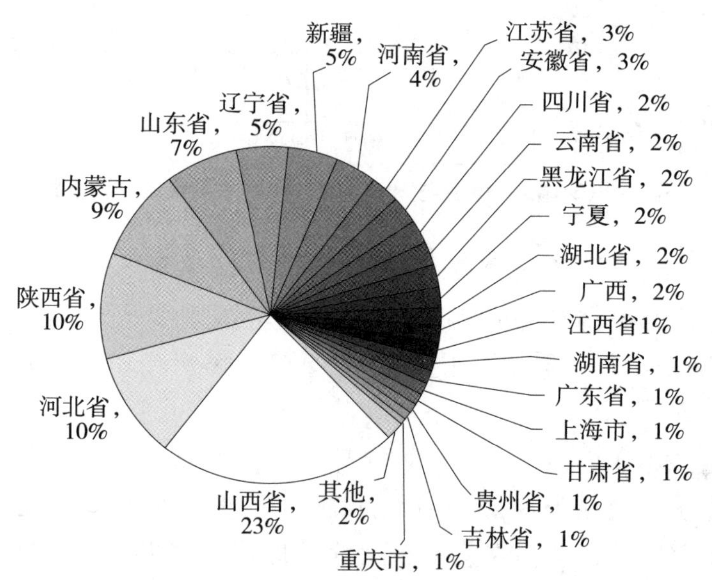

图 9　2020 年 1—10 月焦炭主产区分布

资料来源：国家统计局。

次是辽宁省、四川省、山西省，分别占全国总产量的 15%、12%、6%。2020 年 1—10 月铁矿石主产区分布如图 10 所示。

2020 年 1—10 月，河北省钢材产量为 2.59 亿吨，占全国总产量的 24%，河北、江苏、山东三省钢材产量位居全国前三，占全国总产量的 44%。原煤、焦炭、铁矿石等炉料需求巨大。因此河北、山东、江苏等地也成为煤焦产品的主要下游消费地，运输需求巨大。2020 年 1—10 月钢材主产区分布如图 11 所示。

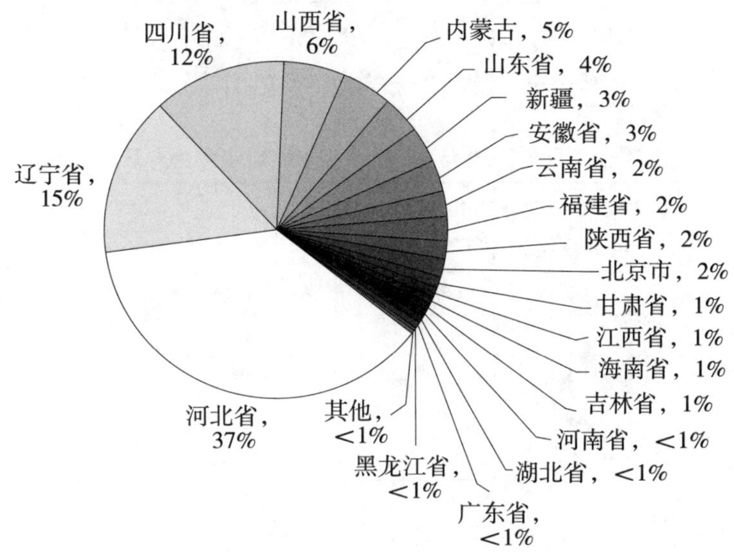

图 10 2020 年 1—10 月铁矿石主产区分布

资料来源：国家统计局。

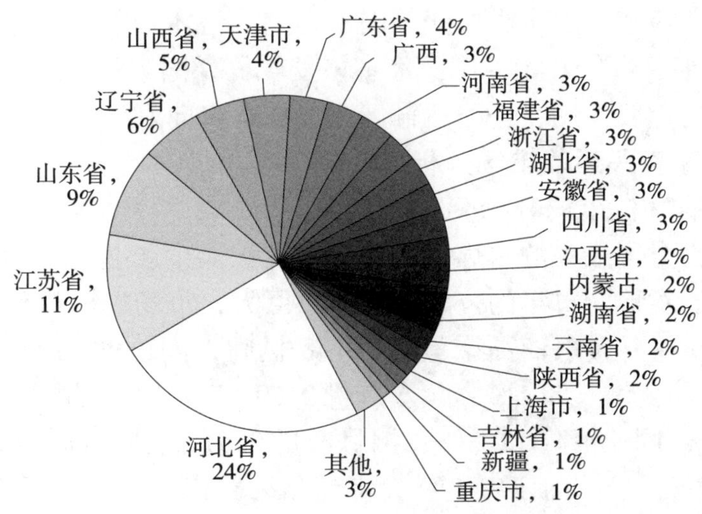

图 11 2020 年 1—10 月钢材主产区分布

资料来源：国家统计局。

（二）2020 年 1—10 月重点区域大宗商品物流市场分析

1. 重点区域煤焦货运总量

作为全国主要大宗商品主产地，晋陕蒙三地煤焦产量占全国的 70% 以上，物流运输需求旺盛，并且晋陕蒙大部分煤焦资源流向华北、华中、华东等下游消费地，在全国煤焦物流运输市场中占据最重要的地位。

2020 年 1—10 月，晋陕蒙三地煤焦运输总量为 23.86 亿吨，同比增长 3.4%（见表4）。其中公路运输方式占 49.9%，铁路运输方式占 50.1%，公路运输方式在大宗物流运输方面仍然发挥着重要的作用。

表 4　2019 年 1—10 月与 2020 年 1—10 月重点区域煤焦生产及运输情况

	地区	2020 年 1—10 月产量（亿吨）	2019 年 1—10 月产量（亿吨）	同比增长（%）	2020 年 1—10 月运输量（亿吨）	
					公路	铁路
原煤	山西	8.67	8.02	8.1	4.05	4.62
	陕西	5.54	5.1	8.6	2.68	2.86
	内蒙古	8.01	8.45	-5.2	3.99	4.02
焦炭	山西	0.89	0.81	9.9	0.58	0.31
	陕西	0.4	0.39	2.6	0.32	0.08
	内蒙古	0.35	0.31	12.9	0.28	0.07
总计		23.86	23.08	3.4	11.9	11.96

资料来源：快成物流根据公开资料测算。

2020 年 1—10 月，整体受新冠肺炎疫情影响，产区生产受限，2020 年下半年受煤矿安全检查、焦炭去产能等因素影响，整体货物运输量仅略高于 2019 年同期。2020 年下半年开始，国民经济恢复较好，国家积极发挥铁路运输在货物运送过程中的重要作用，公路运输情况也在逐步向好。

2. 各地大宗商品运输市场分析

（1）山西省物流市场分析。

山西省作为全国最大的原煤生产基地以及焦炭生产基地，为全国各地提供着原料，作为始发地，每年的公路运输体量巨大，市场规模与日俱增。2020 年 1—10 月山西省主要大宗商品产量为 10.48 亿吨，同比增长 7%，其中原煤产量 8.67 亿吨，同比增长 8.1%；焦炭产量 0.89 亿吨，同比增长 9.9%；铁矿石产量 0.41 亿吨，同比下降 12.8%；钢材产量 0.51 亿吨，同比增长 4.1%（见表5）。根据测算，目前山西省主要大宗商品公路运输总量为 5.35 亿吨，铁路运输总量为 5.13 亿吨，占比如图 12 所示。

表 5　2019 年 1—10 月与 2020 年 1—10 月山西省主要大宗商品产量与运输情况对比

货物	2020 年 1—10 月产量（亿吨）	2019 年 1—10 月产量（亿吨）	同比增长（%）	2020 年 1—10 月运输量（亿吨）	
				公路	铁路
原煤	8.67	8.02	8.1	4.05	4.62
焦炭	0.89	0.81	9.9	0.58	0.31

续 表

货物	2020 年 1—10 月产量（亿吨）	2019 年 1—10 月产量（亿吨）	同比增长（%）	2020 年 1—10 月运输量（亿吨）	
				公路	铁路
铁矿石	0. 41	0. 47	-12. 8	0. 32	0. 09
钢材	0. 51	0. 49	4. 1	0. 4	0. 11
合计	10. 48	9. 79	7	5. 35	5. 13

资料来源：快成物流根据公开数据测算。

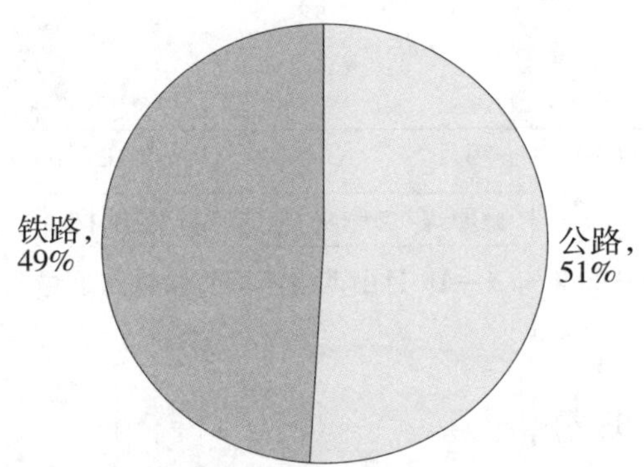

图 12　山西省大宗商品主要运输方式占比

①山西省不同货物品种公路运量。

2020 年 1—10 月，山西省原煤、焦炭、铁矿石、钢材总产量 10. 48 亿吨，同比增长 7%。按照山西省交通运输方式的特征测算，2020 年 1—10 月山西原煤公路运量为 4. 05 亿吨，焦炭公路运量 0. 58 亿吨，铁矿石运量 0. 32 亿吨，钢材运量 0. 4 亿吨，总计 5. 35 亿吨，同比增长 2. 5%（见图 13）。

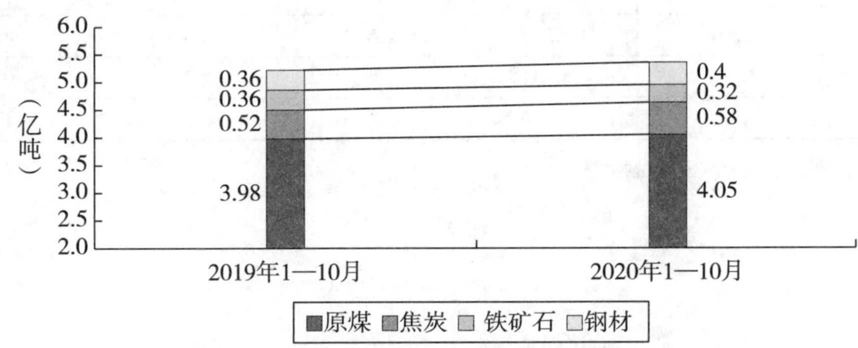

图 13　2019—2020 年 1—10 月山西省不同货物公路运量及增长情况

资料来源：快成物流测算。

②山西省不同货物品种铁路运量。

2020 年 1—10 月，大秦铁路完成原煤运输 32929 万吨，同比下降 8. 56%。

但是随着山西省“公转铁”项目的不断推进，瓦日铁路货物承运能力的提升，据测算，2020 年 1—10 月山西省主要大宗商品铁路运输量达到 5.13 亿吨，同比增长 12%。其中原煤 4.62 亿吨，焦炭 0.31 亿吨，铁矿石 0.09 亿吨，钢材 0.11 亿吨（见图 14）。

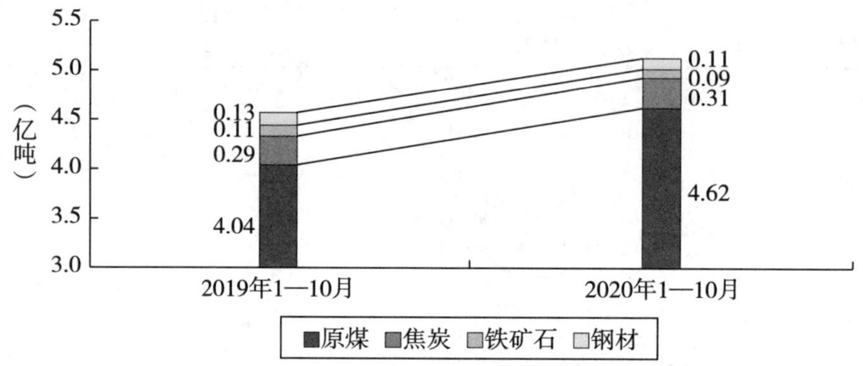

图 14　2019—2020 年 1—10 月山西省不同货物铁路运量及增长情况

资料来源：快成物流测算。

（2）内蒙古物流市场分析。

内蒙古是全国最大的原煤生产地，2020 年受“煤管票”“倒查 20 年”等原因影响，产量出现明显下降，区域内最大的生产基地鄂尔多斯市 2020 年 1—10 月原煤产量 5.07 亿吨，占全自治区原煤产量的 63.3%。2019 年 1—10 月与 2020 年 1—10 月内蒙古主要大宗商品产量与运输情况如表 6 和图 15 所示。

表 6　2019 年 1—10 月与 2020 年 1—10 月内蒙古主要大宗商品产量与运输情况对比

货物	2020 年 1—10 月产量（亿吨）	2019 年 1—10 月产量（亿吨）	同比增长（%）	2020 年 1—10 月运输量（亿吨）	
				公路	铁路
原煤	8.01	8.45	-5.2	3.99	4.02
焦炭	0.35	0.31	12.9	0.28	0.07
合计	8.36	8.76	-4.6	4.27	4.09

资料来源：快成物流根据公开数据测算。

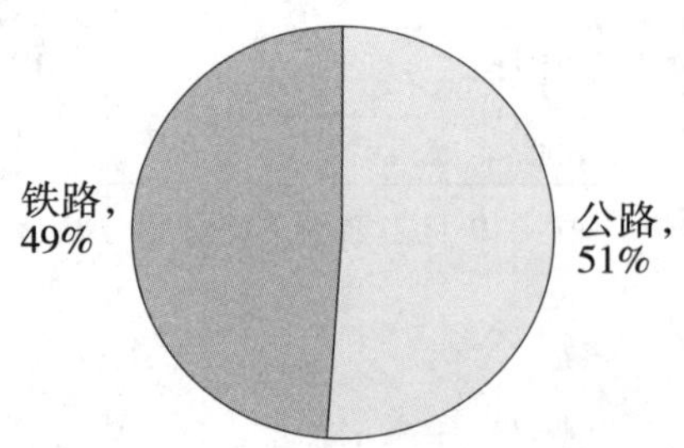

图 15　内蒙古大宗商品主要运输方式占比

①内蒙古不同货物品种公路运量。

2020 年 1—10 月，内蒙古原煤、焦炭总产量 8.36 亿吨，同比下降 4.6%。按照内蒙古交通运输方式的特征测算，2020 年 1—10 月内蒙古原煤公路运量为 3.99 亿吨，焦炭公路运量为 0.28 亿吨，两者总计 4.27 亿吨，运量同比下降 19.3%（见图 16）。

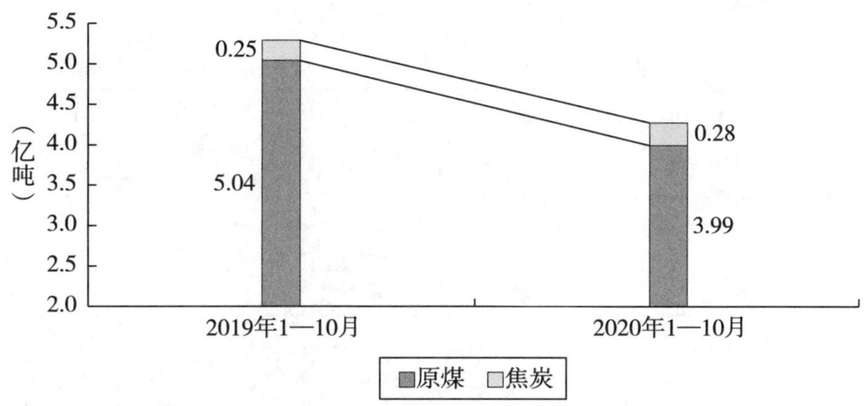

图 16　2019—2020 年 1—10 月内蒙古不同货物公路运量及增长情况

资料来源：快成物流测算。

②内蒙古不同货物品种铁路运量。

2020 年，随着浩吉铁路承运能力的不断增强，内蒙古大宗商品外运将又增加一条铁路主动脉，用于连接内蒙古主产地与华中消费地。2020 年上半年浩吉铁路原煤运输量 976.28 万吨，承运能力不断提高，但与之前计划的全年实现 6000 万吨运量的目标还有较大差距。未来内蒙古铁路运力仍有较大释放空间。2020 年 1—10 月内蒙古不同货物铁路运量增长情况如图 17 所示。

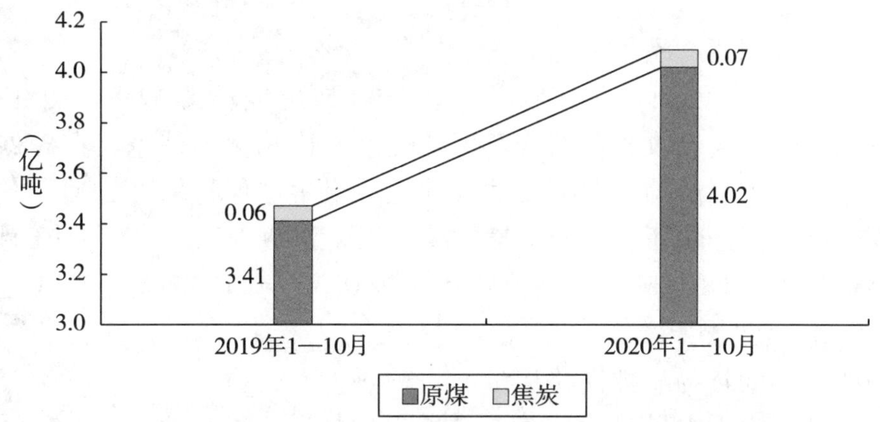

图 17　2019—2020 年 1—10 月内蒙古不同货物铁路运量及增长情况

资料来源：快成物流测算。

（3）陕西省物流市场分析。

陕西是全国重要的原煤生产省份，区域内有世界七大煤田之一的神府煤田。2020 年 1—10 月，陕西原煤产量 5. 54 亿吨，同比增长 8. 6%（见表 7）。其中榆林地区原煤产量 4. 21 亿吨，占陕西省原煤总产量的 76%，同比增长 12. 4%。与内蒙古相比，陕西省，特别是榆林市的原煤产量保持了良好的增长势头。陕西省大宗商品主要运输方式占比如图 18 所示。

表 7　2019 年 1—10 月与 2020 年 1—10 月陕西省主要大宗商品产量与运输情况

货物	2020 年 1—10 月产量（亿吨）	2019 年 1—10 月产量（亿吨）	同比增长（%）	2020 年 1—10 月运输量（亿吨）	
				公路	铁路
原煤	5. 54	5. 1	8. 6	2. 68	2. 86
焦炭	0. 4	0. 39	2. 6	0. 32	0. 08
合计	5. 94	5. 49	8. 2	3	2. 94

资料来源：快成物流根据公开数据测算。

图 18　陕西省大宗商品主要运输方式占比

①陕西省不同货物品种公路运量。

2020 年第一季度，陕西中小煤矿在新冠肺炎疫情影响下，复工率不足 70%，原煤运输量大幅收紧。随着新冠肺炎疫情影响逐渐消退，在确保原煤供应，推动企业复工复产的情况下，榆林地区原煤生产保持较高增速，各地运输车辆流入榆林。按照陕西省交通运输方式的特征测算，2020 年 1—10 月，陕西原煤公路运量为 2. 68 亿吨，焦炭公路运量为 0. 32 亿吨，两者总计 3 亿吨，同比增长 12. 4%（见图 19）。

②陕西省不同货物品种铁路运量。

2020 年 1—10 月，陕西大宗商品铁路运输情况良好。西安铁路局统计的数据显示，2020 年上半年西安铁路局共计运输原煤 10287. 3 万吨，同比增长 20. 9%，并且在刚运行不久的浩吉铁路 976. 3 万吨的原煤运输中，陕西省发运

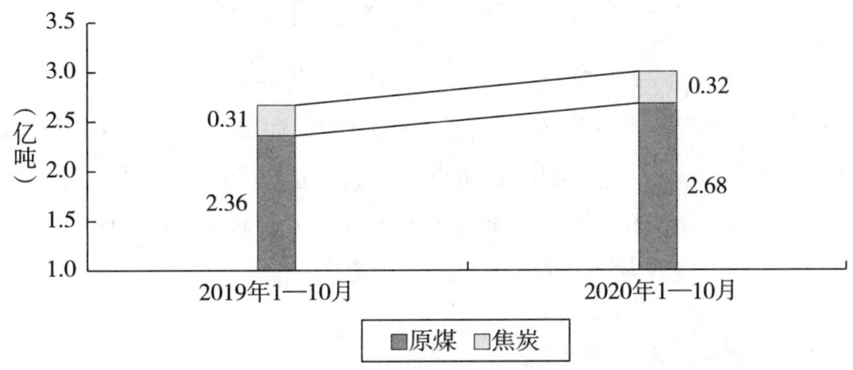

图 19　2019—2020 年 1—10 月陕西省不同货物公路运量及增长情况

资料来源：快成物流测算。

占比 92.8%，达到 905.8 万吨，铁路承运能力不断增强。根据公开资料预计，2020 年 1—10 月，陕西原煤铁路运输量 4.02 亿吨，同比增长 46.7%，焦炭铁路发运几无变化（见图 20）。

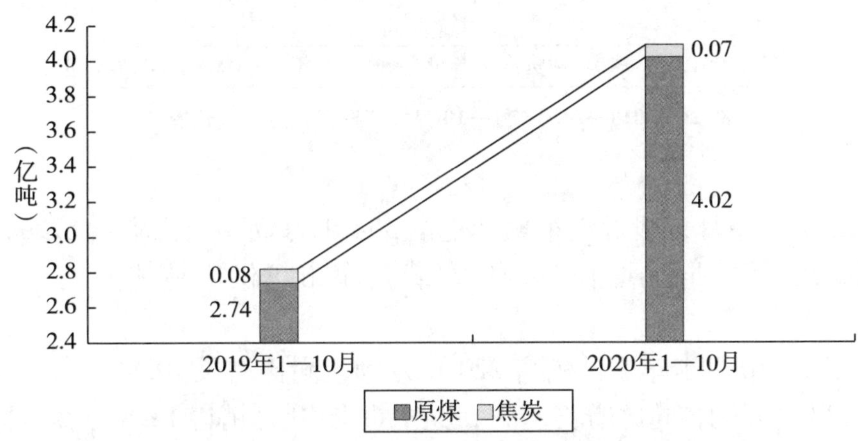

图 20　2019—2020 年 1—10 月陕西省不同货物铁路运量及增长情况

资料来源：快成物流测算。

综合来看，晋陕蒙煤焦主产地生产情况良好，尽管受到新冠肺炎疫情影响，但整体产量略高于 2019 年同期水平。各地之间差异较为明显。内蒙古地区产量降幅较大，陕西省产量大增，山西省也有所增加。对于运输市场而言，由于全国不断加大对铁路线路的投资，并要求主产区煤焦出省运输均采取铁路方式，使汽运市场在一定程度上受到挤压。但由于铁路投资周期长、支线辐射范围有限、周转次数较多、配套设施不够完善等多种原因，公路运输在大宗商品运输过程中仍占据重要地位。未来，以铁路枢纽为中心，周围中短途汽运将获得更加长远的发展。

（三）2020 年 1—10 月大宗商品公路运力现状

相关数据显示，截至2020 年10 月，中国载货汽车保有量达2997 万辆，新注册登记量创历史新高，占汽车总量的 10.9%。2020 年 1—10 月，新注册登记载货汽车达297 万辆，与2019 年同期相比，增长 34.4 万辆，危险货物运输车保有量达61.7 万辆，较 2019 年同期增长 3.96 万辆，增长 6.86%。2020 年1—10 月载货汽车产量及增长情况如图 21 所示。

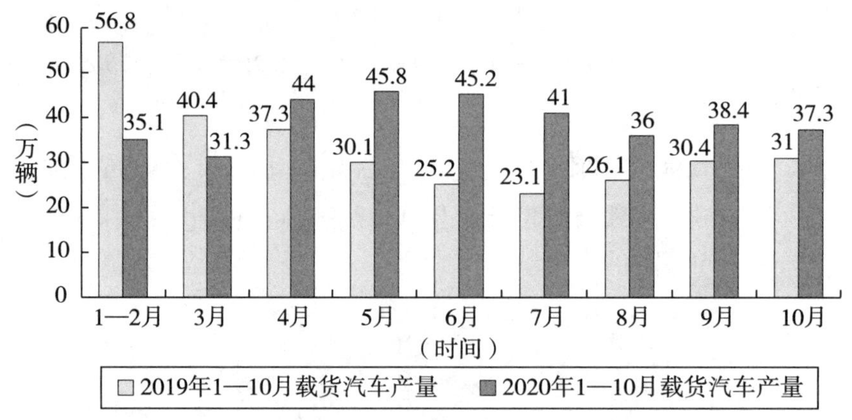

图 21　2019—2020 年 1—10 月载货汽车产量及增长情况

资料来源：国家统计局。

2020 年 1—10 月，载货汽车累计生产 354.1 万辆，同比增长 17.9%，其中6 月增长幅度最大，同比增长 79.4%。载货车市场供应整体充足，市场销量良好。

2020 年 1—10 月卡车累计销售 220.0 万辆，同比增长 10.8%。1—6 月重卡累计销售 137.4 万辆，同比增长 39%，其中重卡 10 月销售 13.8 万辆，同比增长 50.6%。总体来看，2020 年全年重卡市场累计销量大概率将达到 160 万辆。

分企业来看，2020 年 1—10 月，重卡销量排名前十的企业依次为一汽解放、东风公司、中国重汽、陕汽集团、福田、上汽红岩、江淮汽车、大运汽车、徐工汽车、华菱汽车（见图 22）。车辆社会运力供应相对稳定。

相关数据显示，全国约有 1500 万辆载货汽车，3000 万名货车司机，平均每天在途货运量 8400 万余吨，货运总量占全社会的 76%。2020 年是“打赢蓝天保卫战”的攻坚年，也是国三及以下排放标准柴油货车淘汰的关键节点。全国多地也出台了淘汰污染货车规定，2020 年 12 月底之前，全国尚在运行的近百万辆国三排放标准车将被彻底清零，而数量更为庞大的国四排放标准货车也面临逐步淘汰。

部分省份已经明确了 2020 年的淘汰老旧货车任务。按照国务院“打赢蓝

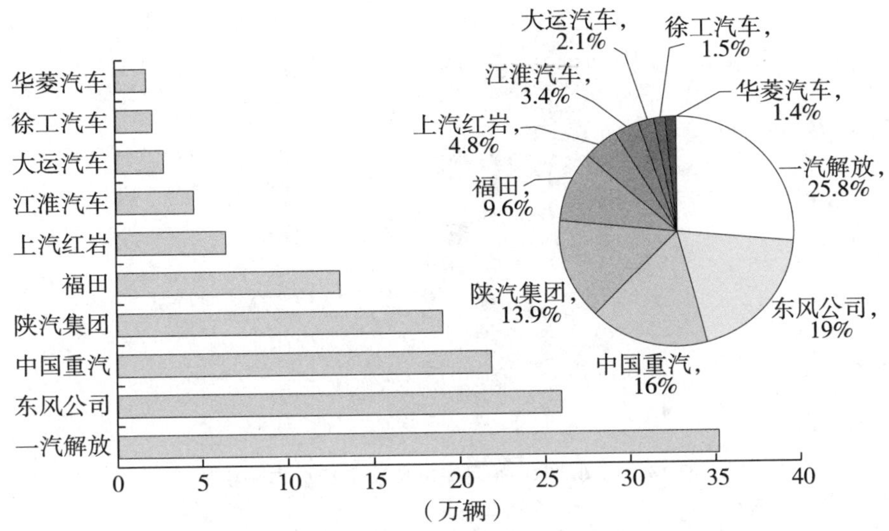

图22　2020 年 1—10 月主要重卡生产企业销售及占比情况

资料来源：第一商用车网。

天保卫战”要求，2020 年年底前，京津冀及周边地区、汾渭平原淘汰国三及以下排放标准营运中型和重型柴油货车 100 万辆以上。截至 2019 年年底，重点区域国三及以下排放标准中重型柴油货车保有量 92 万辆，已完成淘汰量 56 万辆，2020 年仍有 44 万辆国三及以下排放标准中重型柴油货车要淘汰；河南和山东两省先后发布淘汰国三及以下排放标准营运柴油货车工作实施方案，方案明确提出了 2020 年淘汰目标，据统计河南和山东两省待淘汰国三排放标准车辆近 49 万辆。

如果近百万辆国三和国四排放标准车被淘汰的话，2020 年市场预计将迎来几十万辆的新需求。

三、2020 年 1—10 月公路运输成本分析

在全国的车辆运行过程中，燃料、高速通行费、维修、折旧等费用占车辆运输成本的绝大部分。市场公开数据统计的结果显示，燃料油气在车辆通行成本中的占比达到 24.6%，是影响运输费用的最大因素。2020 年 1—6 月车辆单次通行成本分析如图 23 所示。

2020 年 1—10 月，国际油价大幅波动，油气价格急跌缓涨，国内成品油价和气价降至近几年的最低价，国内车辆通行成本相应下降。

（一）柴油价格变动

晋陕蒙 0 号柴油价格走势如图 24 所示。

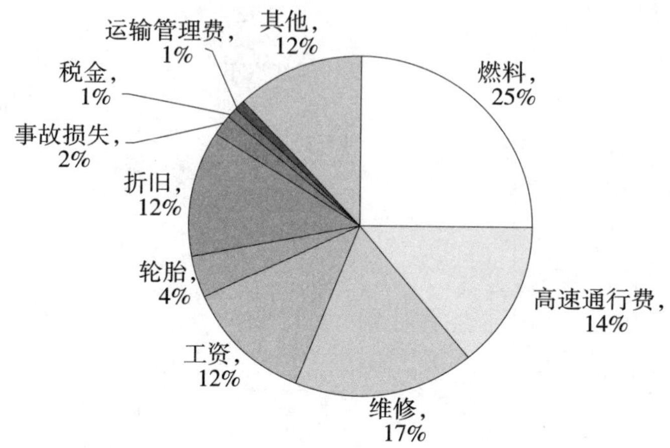

图 23　2020 年 1—6 月车辆单次通行成本分析

资料来源：公开资料整理。

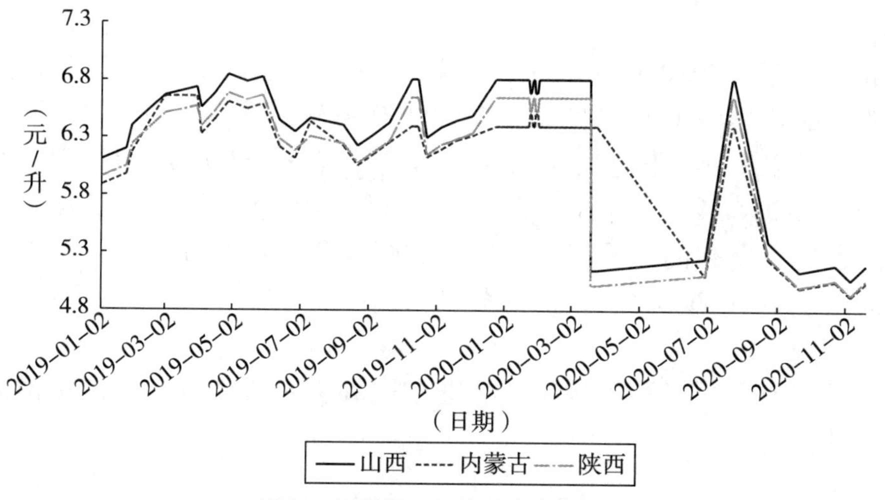

图 24　晋陕蒙 0 号柴油价格走势

资料来源：金投网。

2020 年 1—10 月，国内油品价格经历大幅下跌，受国际原油价格波动影响，2020 年汽柴油零售价整体呈下跌状态。以山西省 0 号柴油价格为例，2020 年 1 月为 6. 81 元/升，截至 11 月底，0 号柴油价格跌至 5. 2 元/升，降幅 24%。车辆燃油成本大幅下降。

（二）LNG 价格变动

2020 年 1—10 月，国内 LNG 价格大幅下跌，车辆加气成本出现较大幅度下降。截至 6 月中旬，LNG 价格最低点达到 2563 元/吨，较 1 月初的 3950 元/吨，下降 35. 1%（见图 25）。LNG 价格的下跌，导致车辆通行成本降低，间接压低了司机运费。司机为了增加收入，反过来又去寻找价格更低的加气站，导致中小气站之间的恶性竞争，这也是2020年1—6月，LNG价格持续不断下跌，几乎没有回调的重要原因。这种低位波动情况一直持续到2020年9月，在国庆节后，因局部供应紧张、下游传统旺季来临以及冬季雨雪天气影响运输等，LNG价格不断回升至2019年年末水平，在2020年11月达到4182元/吨的价格。

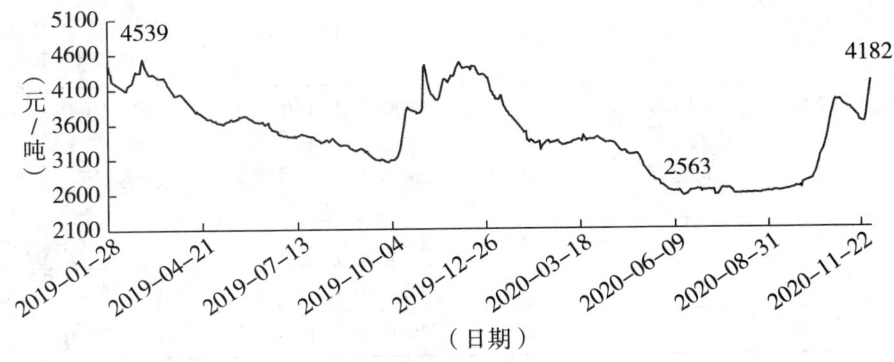

图25 LNG价格走势

资料来源：公开资料整理。

（三）车辆高速通行费变化

2019年，高速收费标准由按车辆载重收费转变为按车型和轴数收费，市场普遍反映过路费用较之前有所增加（见图26）。根据市场实际情况看，从内蒙古乌兰察布到山东潍坊的运输线路中，过路费用从之前的700元涨到1000元。受收费标准改变的影响，车辆通行成本大大增加。

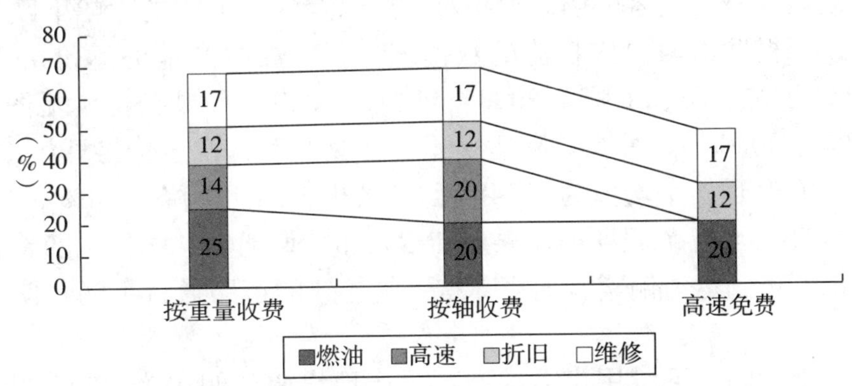

图26 不同高速收费标准下车辆主要通行成本的占比分析

另外，2020年2月17日，国家为防控新冠肺炎疫情，方便车辆通行，对全国高速公路实施免收费政策，一直延续到5月6日。其间，车辆通行成本大幅下降，以神木到武安为例，高速公路通行费用在1800元左右，占单次车辆运行总成本的32.7%左右。由于车辆通行成本的大幅下降，运费也同步下降。快成物流调研结果显示，在高速免费期间，由于通行费用的下降，神木到武安的线路运费下降50%左右。高速通行费对汽运费的影响如表8所示。

表8 高速通行费对汽运费的影响 单位：元

线路：神木—武安							
免费前	油价	高速费1	其他	总成本1	运费1	总运费1(按30吨货物计算)	总利润（不变）
	2000	1800	500	4300	180～210	5400～6300	1100～2000
免费后理论价格	油价	高速费2	其他	总成本2	运费2	总运费2	总利润（不变）
	2000	0	500	2500	120～150	3600～4500	1100～2000
免费后实际价格	油价	高速费2	其他	总成本2	运费2	总运费2	总利润
	2000	0	500	2500	100～120	3000～3600	500～1100

四、2020年1—10月大宗商品运费市场走势分析

（一）2020年1—5月高速公路免费期间，公路运费普遍下跌。2020年5月6日恢复收费后开始止跌回升

2020年新冠肺炎疫情暴发后，物流市场出现大面积停摆，运输活动被限制，随着防疫工作的逐步开展，国家为鼓励物流市场的恢复，采取了高速公路免费通行政策。叠加汽运市场运力相对过剩以及油气成本的大幅下跌，运费随之大幅下跌。根据山西快成物流的数据统计，原煤主产地的运价由2020年1月的0.325元/吨公里，下降至2020年4月的0.201元/吨公里（见图27），降幅达38.2%。2020年5月6日高速恢复正常收费后，汽运价格开始逐步回升。2020年1—10月运费平均值为0.248元/吨公里，同比下降14.8%。

2020年年初至春节假期前，煤矿陆续发布放假通知，司机也随着春节的临近陆续停工，市场运力偏紧，加之降雪天气导致的道路通行不畅，使汽运价格上涨。

春节假期期间，下游用煤需求减小，产地煤矿放假停产，市场供需两弱，汽运价格出现下降。

在新冠肺炎疫情暴发后，上游煤矿及下游煤企复产复工情况不甚理想，而物流市场也出现大面积停摆，运输活动被限制。2020年2月17日，在交通运输部发布全国收费公路免收车辆通行费的通知后，货主或是物流企业在成本核

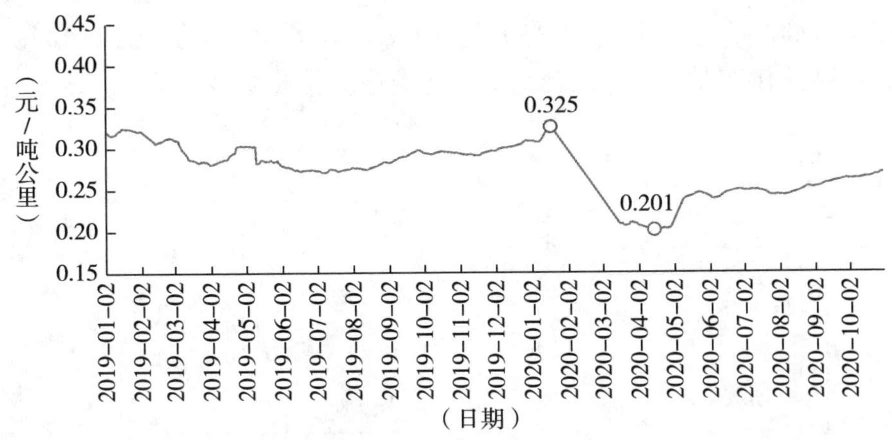

图 27　2019 年至 2020 年 10 月原煤主产区运价走势

资料来源：快成物流统计。（注：区域运价指数以原煤主产地吕梁、榆林、鄂尔多斯三地重点线路的长途、中途、短途的吨公里汽运价为标的物。在 2020 年 1 月新冠肺炎疫情大肆传播的情况下，全国煤焦运输市场几乎停摆，吕梁、榆林、鄂尔多斯三地吨公里运价指数均呈现出断崖式的下跌，随后在 4 月中旬开始逐步回升。5 月初高速公路恢复收费之后，汽运价格开始上涨，三地的吨公里运费指数均反映出市场运费的变化趋势，为各市场主体提供信息决策依据。）

算时纷纷去掉了通行费这一项，这也导致汽运价格出现“断崖式下跌”。山西快成物流的数据统计，原煤主产地的运价由 1 月的 0.325 元/吨公里，下降至 3 月下旬的 0.207 元/吨公里，降低 0.118 元/吨公里。

2020 年 3 月下旬起，随着新冠肺炎疫情逐步得到控制，下游煤企复工复产情况开始好转，物流市场限制减少，汽运价格跌幅收窄。原煤主产地的运价由 0.207 元/吨公里降至 0.201 元/吨公里，降低 0.006 元/吨公里。

2020 年 4 月中下旬，多个省份开始高速公路联网收费系统测试的消息以及《关于高速公路收费系统切换方案》征求意见稿的发布，导致高速即将恢复收费的市场情绪不断发酵，下游煤企掀抢运潮，汽运价格开始上涨。

2020 年 5 月 6 日起高速公路正式恢复收费，尽管市场上曾短暂出现货主、物流企业、司机之间的博弈局面，但随着高速通行费用的增加以及下游煤企复工复产用煤需求的加大，汽运价格逐步上涨。由于油气成本降低等因素影响，汽运价格难以恢复至 2019 年水平。

2020 年 6 月之后，随着高速收费工作的开始以及社会经济活动的逐步恢复，汽运价格开始逐步恢复，截至 2020 年 10 月底，汽运平均价格已经恢复或接近 2019 年同期水平。

（二）重点线路运费市场变化——快成物流运价指数

山西、陕西、内蒙古三地作为全国重点煤焦生产基地，外运线路的汽运一直是市场关心的重点。快成物流依托网络货运平台真实、实时、持续的交易数据，通过对数据进行整合、分析，构建大宗商品运价指数体系，旨在及时准确反映每日大宗商品在主要运输线路上的实际成交价格以及价格波动情况，从而反映大宗商品的供需情况。快成物流重点线路运价指数走势如图 28 所示。

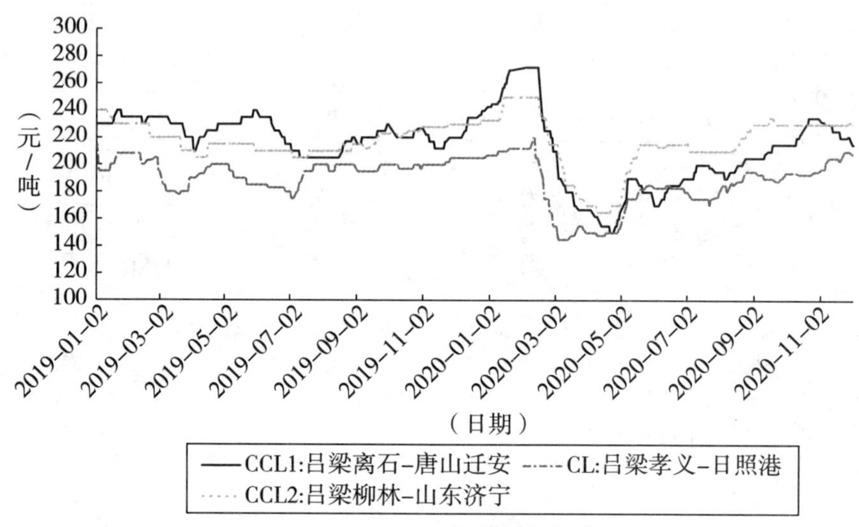

图 28　快成物流重点线路运价指数走势

资料来源：快成物流测算。

重点线路运价指数是针对原煤、焦炭的主产地——吕梁进行运价指数设计，该指数包括 CL 运价指数、CCL1 运价指数、CCL2 运价指数，旨在真实、及时、准确反映每日产地焦煤、焦炭运输市场的真实成交价格和价格波动情况。

CL 指数：以吕梁市孝义市到山东省日照港焦炭线路汽运价为标的物。

CCL1 指数：以吕梁市离石区到唐山市迁安市原煤线路汽运价为标的物。

CCL2 指数：以吕梁市柳林县到山东省济宁市原煤线路汽运价为标的物。

根据快成物流重点线路的运价指数看，公路运费变化受货运市场影响较大，同时也是对货运市场变化的及时反映。

2020 年 1 月下旬至 4 月中下旬，受新冠肺炎疫情因素影响，下游煤企开工率一般，用煤需求较小，叠加高速免费政策的影响，汽运价格呈下降趋势，且降幅较大。4 月下旬，随着新冠肺炎疫情逐步得到控制，下游用煤企业需求有所释放，同时市场上关于高速即将恢复收费的消息传出，下游采购、组织发运情绪明显改善，汽运价格止跌转涨。2020 年 5 月 6 日高速公路正式恢复收费后，汽运成本增加。在动力煤市场旺季因素的驱动下，下游补库积极性增强，带动汽运价格的上涨。

2020 年下半年开始，国内各项经济活动迅速恢复，社会用煤量显著增加，随着下游用煤企业采购量的不断增加，相关线路的汽运价格重心上移，已基本恢复至2019年同期运价水平。

（三）重点线路历史数据库——快成物流运价数据库

从快成物流1200多万条的线路数据库中，按照煤炭市场重点上下游区域分布，可跟踪100多条线路的历史数据。包含山西各地市外运线路、陕西榆林外运线路、内蒙古鄂尔多斯外运线路、山西省内中途线路、口岸发往内地的线路等。可满足不同客户类型的特色化需求。

煤炭研究主要关注煤炭供需结构的变化，而煤炭供给与需求存在空间上的差异。供需失衡引发煤炭价格的变动，而经过一段时间价格机制的影响又使煤炭供需结构市场重归平衡，这样周而复始，给了煤炭市场足够的投机空间。物流大数据在黑色产业链中的位置及作用如图29所示。

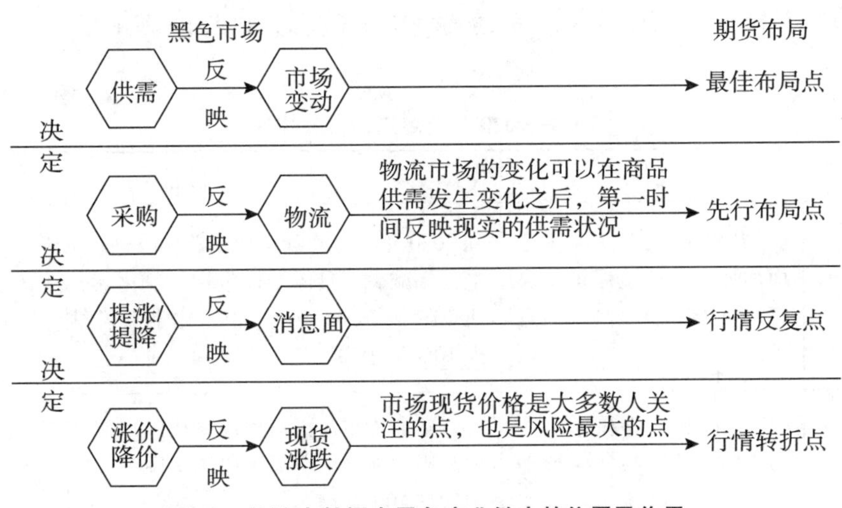

图29 物流大数据在黑色产业链中的位置及作用

物流在煤炭市场的重要地位体现在：供需失衡的过程中，上下游会通过控制采购量来应对市场变化，而运价与运量的变化还能反映市场供需再平衡的进程，用以指导接下来的市场研究。由于物流市场与商品市场具有密切的关联性，运输市场的价格变动对商品市场具有极强的研究意义。

五、2020年1—10月运输市场政策与影响

物流，作为国民经济发展的动脉和基础产业，起着连接供给与需求、生产与消费的重要作用。在新冠肺炎疫情这样的特殊时期，尽量减少人员聚集和接触成为重要防控手段，封城、隔离等措施让人的流动急剧减少，但商品流动的需求却在急剧增加。抗疫防疫、生产生活物资的庞大配送需求，让物流的作用

前所未有地凸显。而且物流连接着生产和消费的两端，一方面保障基本生产，另一方面促进消费，将新冠肺炎疫情隔离措施对经济运行的影响降至最低。而在新冠肺炎疫情缓解之后，在加快复工复产、促进经济复苏方面，物流同样是“先行官”，必须打通物流行业的大动脉，才能更好地发展经济。物流作为商品流通、生活保障不可或缺的供应链基础设施，更是支撑着疫情防控和经济社会发展两条“战线”。

因此，不管是“抗疫”时期，还是复工复产发展经济，物流是稳民生，保百姓幸福的基石。物流业支撑各类产业复产稳链是落实“六保”工作的基础，也是推进“六稳”工作的基础。在抗疫期间，交通运输部、工业和信息化部、商务部、财政部等横向联动，合推复工复产富有成效，为常态化抗疫提供了充足的政策保障。

（一）2018—2020 年公路运输相关政策（见表 9）

表 9　2018—2020 年公路运输相关政策

日期	文件	目标
2018/6/16	《中共中央 国务院关于全面加强生态环境保护坚决打好污染防治攻坚战的意见》	到 2020 年，生态环境质量总体改善，主要污染物排放总量大幅减少，具体指标包括二氧化硫、氮氧化物排放量比 2015 年减少 15% 以上，化学需氧量、氨氮排放量减少 10% 以上等
2018/7/23	《坚决打好工业和通信业污染防治攻坚战三年行动计划》	打好柴油货车污染治理攻坚战，2020 年年底前，在京津冀及周边地区、汾渭平原淘汰国三及以下运营中重型柴油货车 100 万辆
2019/5/21	《国务院办公厅关于印发深化收费公路制度改革取消高速公路省界收费站实施方案的通知》	从 2020 年 1 月 1 日起，统一按车（轴）型收费，并确保不增加货车通行费总体负担，同步实施封闭式高速公路收费站入口不停车称重检测
2019/9/6	《交通运输部 国家税务总局关于印发〈网络平台道路货物运输经营管理暂行办法〉的通知》	从 2020 年 1 月 1 日起，试点企业可按照《办法》规定要求，申请经营范围为“网络货运”的道路运输经营许可；县级负有道路运输监督管理职责的机构应按照《办法》，对符合相关条件要求的试点企业，换发道路运输经营许可证，未纳入交通运输部无车承运人试点范围的经营者，可按照《办法》申请经营许可，依法依规从事网络货运经营

续 表

日期	文件	目标
2020/2/8	《交通运输部关于贯彻落实习近平总书记重要指示精神统筹做好疫情防控加快公路水运工程复工开工建设加大交通投资力度的通知》	1. 加快公路水运工程复工 2. 全面完成年度目标任务：结合“一带一路”建设、京津冀协同发展、长江经济带发展、雄安新区建设、长三角区域一体化发展、粤港澳大湾区发展、黄河流域生态保护和高质量发展等，提前启动一批服务国家重大战略实施、符合“十四五”规划方向、符合投资政策的建设项目，确保投资精准有效 3. 各地交通运输主管部门和各有关单位要加强资金保障，着力破解普通国省道融资问题
2020/2/15	《交通运输部关于新冠肺炎疫情防控期间免收收费公路车辆通行费的通知》	从 2020 年 2 月 17 日 0 时起，免收全国收费公路车辆通行费
2020/2/18	《工业和信息化部办公厅关于运用新一代信息技术支撑服务疫情防控和复工复产工作的通知》	运用新一代信息技术加快企业复工复产：支持互联网交通、物流、快递等生产性服务企业率先复工复产，支持工业电子商务企业和物流企业高效协同，运用互联网、大数据、区块链等技术完善智慧物流体系，打通生产生活物资流通堵点，保障生产资料和生活用品有效供给
2020/2/27	《国家发展改革委办公厅民政部办公厅关于积极发挥行业协会商会作用支持民营中小企业复工复产的通知》	创新推广新模式新业态，帮助行业企业尤其是民营中小企业充分利用互联网、人工智能、大数据等技术实现智能生产、线上销售、远程服务、网络办公，提升信息化管理水平；在行业内推广无接触式服务、“不下车式”运输等新方式，促进行业实现转型升级
2020/3/18	《工业和信息化部办公厅关于印发〈中小企业数字化赋能专项行动方案〉的通知》	强化供应链对接平台支撑，建设产业供应链对接平台，打造线上采购、分销流通模式，为中小企业提供原材料匹配、返工人员共享、自动化生产线配置、模具资源互助、防护物资采购、销售和物流资源对接等服务，基于工业互联网平台，促进中小企业深度融入大企业的供应链、创新链
2020/4/10	《商务部等 8 部门关于进一步做好供应链创新与应用试点工作的通知》	重点做好加强供应链安全建设、加快推进供应链数字化和智能化发展、促进稳定全球供应链、助力决战决胜脱贫攻坚和充分利用供应链金融服务实体企业五个方面工作

续　表

日期	文件	目标
2020/4/26	《交通运输部办公厅关于充分发挥全国道路货运车辆公共监管与服务平台作用支撑行业高质量发展的意见》	加快货运平台技术升级与数据质量提升，强化货运数据综合应用与货运平台运行保障，努力将平台打造成面向现代化运输服务体系，核心技术自主可控，满足全方位、全天候、精准化监管需求的新一代数字化安全监管平台和行业服务平台
2020/4/28	《交通运输部关于恢复收费公路收费的公告》	自 2020 年 5 月 6 日零时起，经依法批准的收费公路恢复收费（含收费桥梁和隧道）
2020/4/30	《工业和信息化部办公厅关于深入推进移动物联网全面发展的通知》	推进移动物联网应用发展，围绕产业数字化、治理智能化、生活智慧化三大方向推动移动物联网创新发展；深化移动物联网在工业制造、仓储物流、智慧农业、智慧医疗等领域应用，推动设备联网数据采集，提升生产效率
2020/5/12	《交通运输部办公厅征求〈关于深入推进公路工程技术创新工作的意见（征求意见稿）〉有关意见的函》	推广智慧公路技术：推动统一的公路数据标准，形成涵盖建管养运全过程的数据库，研究建立统一规范的公路数据平台。加大不停车收费技术推广应用力度，推动不停车支付技术的多场景应用。加快推进智能感知、5G 通信、高精度定位和边缘计算等技术在公路工程和路网管理中的应用，推动车路协同技术发展和智慧公路建设，推动形成自主可控的完整产业链。大力推进北斗卫星导航系统在公路基础设施的系统应用。推动区块链技术在公路工程信息管理、灾害预防、应急救援等方面的应用
2020/5/20	《关于进一步降低物流成本的实施意见》	积极推进新一代国家交通控制网建设，加快货物管理、运输服务、场站设施等数字化升级。（交通运输部负责）推进新兴技术和智能化设备应用，提高仓储、运输、分拨配送等物流环节的自动化、智慧化水平
2020/6/19	《关于建立实施汽车排放检验与维护制度的通知》	加快建立实施汽车排放检验与维护制度，防治在用汽车排放污染，助力打赢蓝天保卫战
2020/6/20	《交通运输部关于进一步做好高速公路车辆通行费优惠预约通行服务工作的通知》	优化货车 ETC 发行服务。针对货车流动性强、位置分散等特点，深入货物装卸场站、高速公路服务区、港口码头、物流园区等地点，为货车安装 ETC 车载装置提供便利。加强与大型物流企业、无车承运人平台和相关企业合作，结合自身优势，切实解决部分货车授信难的问题，组织开展预约上门、集中发行和现场安装，进一步提升发行服务效率和货车 ETC 安装率

续 表

日期	文件	目标
2020/7/24	《工业和信息化部关于修改〈新能源汽车生产企业及产品准入管理规定〉的决定》	2020年9月1日起： 1. 删除申请新能源汽车生产企业准入有关“设计开发能力”的要求 2. 将新能源汽车生产企业停止生产的时间由12个月调整为24个月 3. 删除有关新能源汽车生产企业申请准入的过渡期临时条款
2020/9/19	《交通运输部办公厅关于进一步做好网络平台道路货物运输信息化监测工作的通知》	1. 加快建设省级网络货运监测系统 2. 加强网络货运企业运行监管 3. 组织开展网络货运监测评估工作 4. 提升部交互系统技术支撑能力
2020/10/20	深化公安交管“放管服”改革 公安部推出12项优化营商环境新措施	2020年11月20日起： 1. 优化大中型客货车驾驶证申请条件，申请大型客车、牵引车驾驶证的年龄下限由26周岁、24周岁降低至22周岁，年龄上限由50周岁调整至60周岁 2. 缩短增驾时间间隔，对无相应记分周期满分记录，申请大型客车驾驶证的，由取得大型货车驾驶证至少5年缩短至3年，申请牵引车和中型客车驾驶证的，由取得大型货车驾驶证至少3年缩短至2年

（二）政策对公路运输市场的影响

1. 提升运输效率，推动物流行业降本增效

统一按车（轴）型收费政策，以及同步实施封闭式高速公路收费站入口不停车称重检测，加之目前ETC不停车收费的大力推广，能够有力杜绝超限车辆上高速，有利于实现货车不停车快捷通行，运输效率大幅提高，也更加环保。

新收费标准着重强调车辆的满载状态，空载车辆也会因为价格问题不愿意上高速，鼓励车队或者物流公司尽量减少货车空返，因此，高速公路的承载效率将会大幅提高。但是，按轴收费之后，有很多运输场景的高速费用反而出现上涨，再加上运输行业车多货少的现状，注定了大多数卡车司机会面对空载、半载的情况，放空跑高速显然是赔本买卖，因此从降成本角度而言，最好的方式就是不走高速公路。当过多的车辆拥挤到国道和省道上之后，必然造成拥堵，密集区域走走停停，频繁起步和刹车，不仅降低了运输效率而且增加了油耗。相关部门应该考虑对5轴和6轴半挂车高速收费标准进行重新测算，出台

相关政策，鼓励运输效率高、时效性高的运输车型回归高速公路，只有这样，才能为国道和省道分流，提高总体运输效率，实现按轴收费的初衷。对于中小型物流公司来说，与提供运力管理系统平台合作，通过这些平台来降低自身的运力管理成本也不失为明智之举。

疫情防控期间免收收费公路车辆通行费政策的推出，一方面加快高速收费站的车辆通行效率，减少车辆间的接触机会，有助于更好地服务疫情防控工作；另一方面能够对冲一部分疫情对物流行业的影响，降低运输企业的通行成本，实打实减轻物流企业负担；同时也能更好地促进上下游企业复工复产，保障经济持续健康稳定发展。

2. 保障司机利益，稳定社会运力

交通运输部开始在全国范围内进行道路运输价格调查，更像是对当时会议纲领的延伸与实施。从前期的调查到数据汇总，再到结合各地的特殊情况进行宏观调控，制定出货运行业的最低运价。这不失为一个保护运价、保障卡车司机生计的好办法。一定程度上也可以稳定司机的就业，保证物流市场有充足的社会运力。

司机增驾和年龄限制门槛的进一步放宽，将非常有利于更多有志从事物流行业的司机进入，进而弥补未来司机人员不足的弊端。

3. 为新能源货车带来机遇

2020 年绿色物流发展也是年内政策重点，“生态优先、绿色发展”被不断强调，加快绿色转型成为诸多产业的共识，因而绿色物流是现代物流可持续发展的必然，也是企业最大限度降低经营成本的必由之路。而柴油货车在 2020 年年底前淘汰已经迫在眉睫，各地对国三及以下排放标准货车禁行措施不断落实，这就要求大幅提升运输装备清洁化水平，而且随着国家对于环保的要求越来越高，在公路货运行业，使用新能源物流重型货车已成为发展趋势，运输车辆更新正在向燃气车和新能源运输车转移，据悉，国七排放标准已准备提上日程，这将为新能源物流重型货车带来新的发展机遇。

新能源准入管理规定的修改，进一步放宽了准入门槛，激发市场活力，促进我国新能源汽车产业高质量发展，也有助于新能源车市场规范和释放新活力，推动新能源车销量进入高增长新阶段。

4. 助推管理服务现代化，推动现代物流与数字物流的建设

物流业作为基础性、战略性、先导性产业，具有复合型产业特点，此次新冠肺炎疫情带来了一次社会对物流行业的深刻审视——真正能打硬仗的优秀物流企业，不仅要具备一定的市场规模、优秀的应急响应水平等，更是能整合优势、驾驭优势并形成供应链综合能力的企业。显而易见的是，在如今的互联网时代，物流企业转型为网络货运平台已势不可当，互联网大数据技术与专业化物流服务的深度结合，是提升全行业物流效能，实现整个供应链企业共享共赢的必经之路。

六、快成物流——大宗商品流通全链条综合性数字物流科技型企业

山西快成物流科技有限公司（以下简称“快成物流”）成立于2017年1月，是山西省本土大宗商品流通全链条综合性数字物流科技型企业，依托物流大数据基础，为大宗商品行业提供物流全链条解决方案。

通过三年的发展，快成平台共整合社会车辆53余万台，司机49余万人，累计承运货物4亿吨，营收300亿元，在国家交通运输部的统计数据中，快成物流大宗商品货运量居全国第一，其他指标稳居全国前三，各项指标均位居全省第一。

快成物流秉承“四服务三平台两中心一实体”“线上+线下，云+端”的4321立体发展模式，紧跟新一代信息技术应用步伐，提供四个维度的服务，包括物流车货智能匹配服务、企业智慧升级技术服务、供应链金融服务、大数据应用及衍生咨询服务。在线上打造了三大应用平台——物流公共服务平台，在线供应链金融服务平台，物流综合新型消费平台；通过大数据中心和物联网技术中心的支撑，将企业发货、运力匹配、进场装货、在途监管、运费结算等多环节打通，协同联动实体制造业、物流运输业、新型消费业、金融服务业、信息咨询服务业等产业，形成相互依托，相互促进的数字物流“新业态”。经过发展，快成物流已成功走出山西，不断拓展市场，辐射全国十八个省（自治区、直辖市），成为山西转型改革发展的践行者与数字物流排头兵，跻身全国大宗商品流通数据行业第一方阵，位列中国民营物流企业前10强并获国家5A级网络货运平台等荣誉称号。

未来三年，快成物流平台交易额有望达千亿元，并积极寻求与各地政府深度合作，立志成为数字物流产业升级过程中，理念一流、模式一流、科技一流、管理一流、业绩一流、服务一流的大宗商品流通产业领军者。

（山西快成物流科技有限公司　张涛、武涛、史佳琦）

2020 年上半年普华永道物流行业并购交易回顾与展望

——疫情带来交易契机，物流行业并购活动活跃依旧

新冠肺炎疫情全球蔓延，国内外经济活动备受冲击，物流行业运行亦受到影响。作为连通社会经济运行的基石，物流行业在推动国内疫情防控、社会经济恢复中发挥着关键作用，行业影响力日益提升。回顾 2020 年上半年，物流行业并购交易保持着较高的活跃度，投资者加速在综合物流、快递快运、物流智能信息化等领域布局，寻求整合机会。

普华永道中国内地及香港物流行业交易服务主管合伙人张锐认为，在国内外经济环境复杂多变、国内资本市场改革的大背景下，中国物流行业将围绕着“产业、价值、技术”发展与迭代，企业只有识势而为、乐观前行，方可在产业互联网与新基建的大时代中突围向上。资本亦将愈发向各领域“规模、盈利、效率”领先的企业聚集，在不确定的环境里保持确定性与稳定性，综合物流、零担物流、城市新零售物流、生物医药冷链、物流智能信息化等领域未来将受到格外关注。

（一）总体趋势速览：疫情带来交易窗口期，并购交易活跃度不减

疫情虽对中国物流行业运行产生不利影响，但也带来了行业并购交易窗口期，交易活跃度依然保持较高水平。2020 年上半年中国物流行业并购交易数量达到 73 宗（见图 1），环比小幅增加 1 宗；交易规模近 326 亿元（见图 2），在没有巨型交易支持下环比仅小幅下降 13%。而若不考虑巨型交易，2020 年上半年交易规模则环比大幅增长 1.28 倍。

中国物流行业并购交易依旧活跃，产业投资者趁此机会通过收购投资加速扩张，金融投资者则在变局中支持龙头企业抢占更多市场份额。

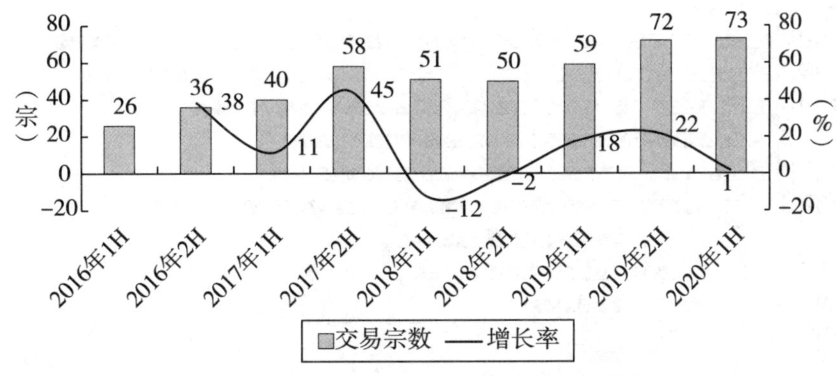

图 1 2016—2020 年 1H 交易数量速览

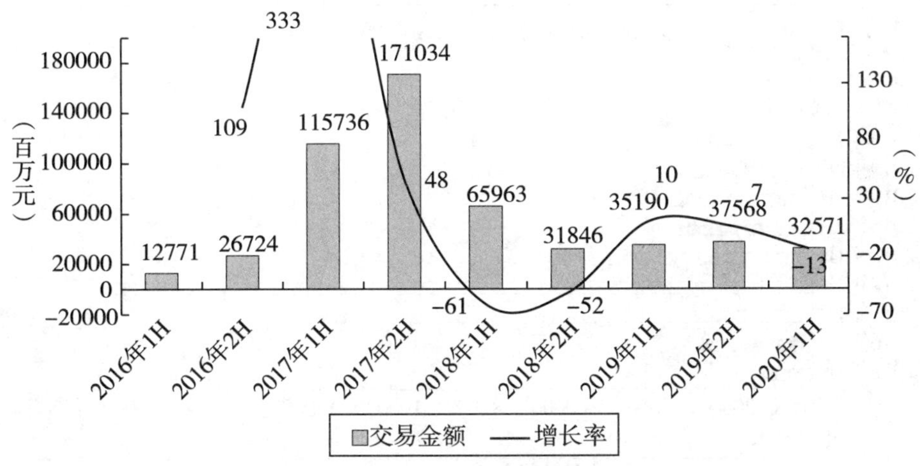

图 2 2016—2020 年 1H 交易规模速览

资料来源：清科、投中、汤森路透、Mergermarket 及普华永道分析。

（二）细分领域：综合物流、快递快运、物流智能信息化备受追捧

在新冠肺炎疫情与资本市场改革叠加影响下，投资者在 2020 年上半年更为倾向在不确定的大环境中寻找稳健、确定的投资机会。龙头企业将受益，并在此期间加快抢占市场份额。综合物流、快递快运、物流智能信息化在交易规模上位居前三。

凭借着抵御不明朗经济风险的强大实力，领先综合物流企业在 2020 年上半年备受关注。综合物流领域共产生 14 宗并购交易，与 2019 年下半年相同（见图 3）。受到中远海能、招商轮船等企业大型交易的推动，2020 年上半年交易规模达到 146 亿元，环比大幅增长近 1.9 倍（见图 4）。

在国内资本市场改革的大背景下，随着国内零担快运领域头部格局渐趋确定，资本在 2020 年上半年加速流向龙头企业，助力企业加快抢占市场份额，

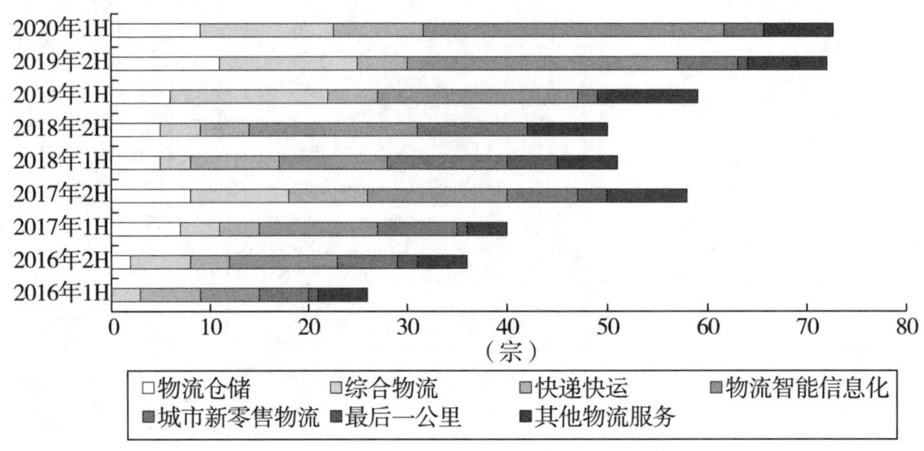

图 3　2016—2020 年 1H 并购交易数量

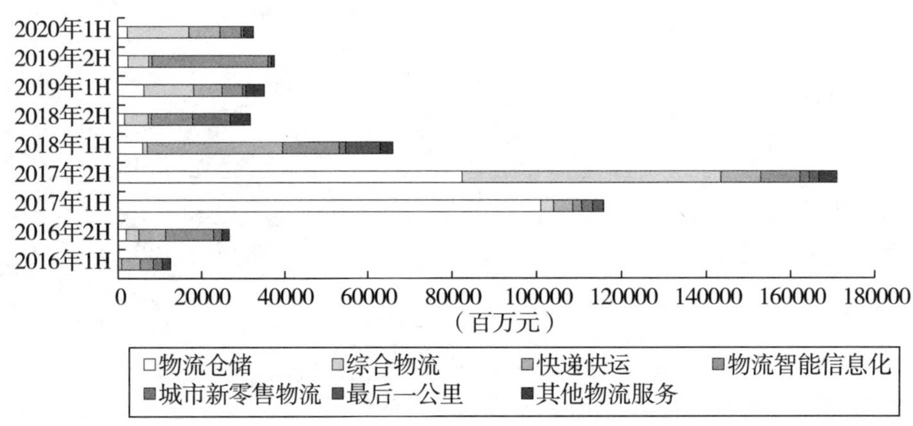

图 4　2016—2020 年 1H 并购交易规模

资料来源：清科、投中、汤森路透、Mergermarket 及普华永道分析。

做大业务规模。2020 上半年快递快运领域的 9 宗共计 74 亿元的并购交易大多投向零担快运企业，快递快运领域的交易数量环比增长 80%，交易规模环比大幅增加 8.5 倍。

受到新冠肺炎疫情下物流智能化与信息化管理的需求增长、“新基建”浪潮以及部分物流智能信息化企业成功上市等多重因素刺激，2020 年上半年物流智能信息化领域的并购交易数量环比增长 11% 至 30 宗。若不考虑巨型交易的影响，即在剔除 2019 年下半年菜鸟网络 233 亿元巨额交易后，2020 年上半年物流智能信息化领域的交易规模环比增长 19% 至 51 亿元，其中物流自动化、智能化和智慧物流平台等细分市场受到更多关注。

（三）交易规模分布：大中型交易数量、规模均逆势增加

在前景复杂的国内外经济社会环境里，2020 年上半年，规模优势明显、整体抗风险能力强的优质大型企业相较于小而美、小而精的企业更受资本关注。

2020 年上半年，大型交易和中型交易的数量和规模均逆势增长。大型交易的数量环比增长 1.75 倍至 11 宗，中型交易则环比增长 31% 至 34 宗（见图 5）。受惠于数笔综合物流、零担物流领域的大型交易，2020 上半年大型交易的规模环比大幅增长了 2.62 倍至 233 亿元，中型交易亦环比小幅增长 27% 至 83 亿元。2016—2020 年 1H 百亿元以下区间平均交易额变动如图 6 所示。

自 2017 年下半年起，大型交易和中型交易的平均交易额呈现下降趋势，侧面反映投资者在投资估值上的谨慎与敏感。但在 2020 年上半年，大型交易的平均交易额逆势上扬，大幅上升 32% 至 21 亿元，显示投资者在新时期正加速抢占布局规模优势明显、抗风险能力较强的领先企业。

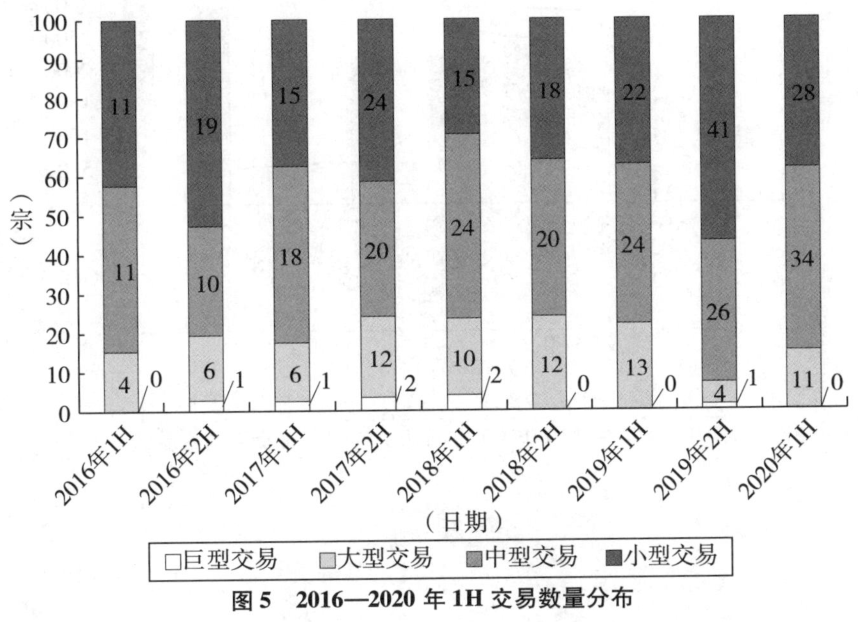

图 5　2016—2020 年 1H 交易数量分布

（四）交易轮次分布：成长期、成熟期并购交易数量及规模均显著增加

2020 年上半年投资者加速并购投资规模领先、盈利确定的成长期、成熟期物流企业，以抓住国内资本市场改革的红利。2020 年上半年物流行业成长期、成熟期的企业更受投资者关注，交易数量和规模均有所增加。2016—2020 年 1H 交易轮次宗数分布及平均交易额如图 7 所示，2020 年上半年交易轮次规模环比情况如图 8 所示。

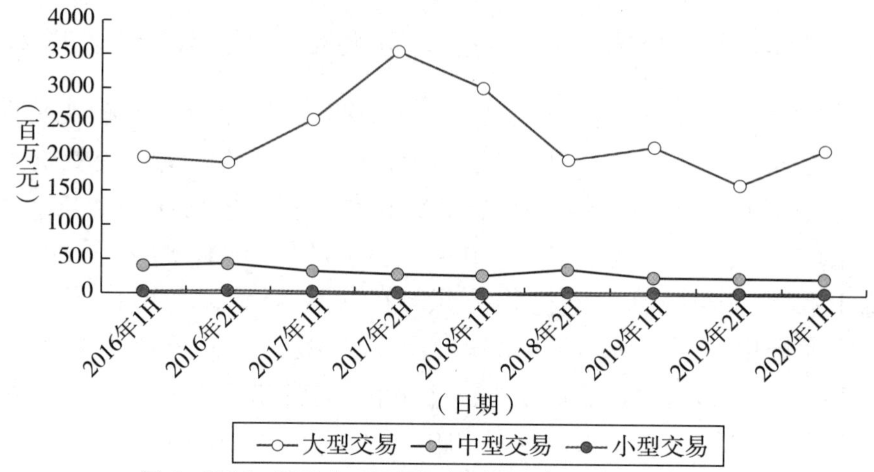

图 6　2016—2020 年 1H 百亿元以下区间平均交易额变动

资料来源：清科、投中、汤森路透、Mergermarket 及普华永道分析。

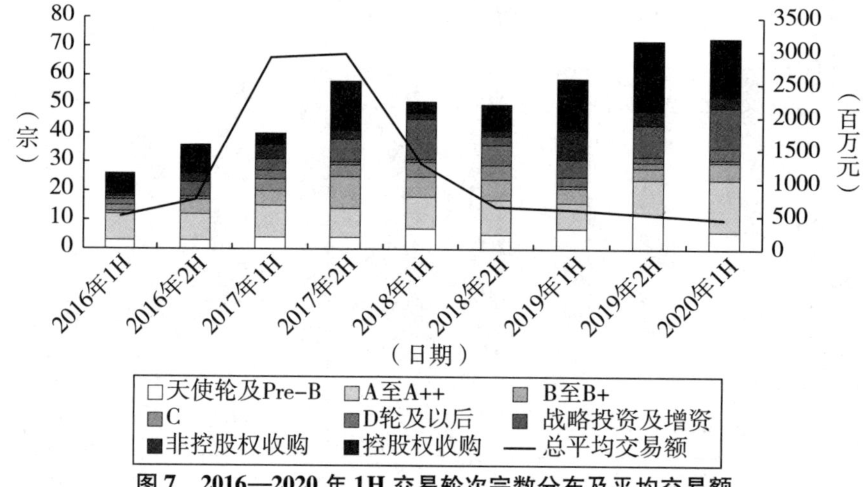

图 7　2016—2020 年 1H 交易轮次宗数分布及平均交易额

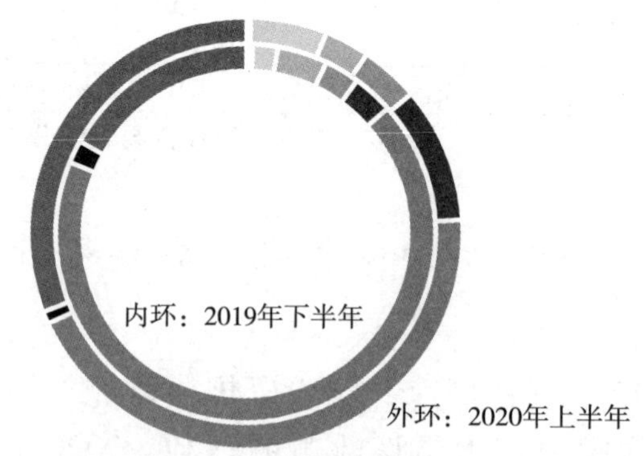

图 8　2020 年上半年交易轮次规模环比情况

资料来源：清科、投中、汤森路透、Mergermarket 及普华永道分析。

ABC 轮并购交易的数量和规模分别达到 25 宗和 43.74 亿元，环比分别增长 39% 和 24%；D 轮的并购交易规模达到 33 亿元，环比大幅增长 1.6 倍；若不考虑巨型交易的影响，2020 年上半年“战略投资及增资”轮次交易规模环比大幅增长 5.8 倍达到 143.86 亿元。

与上述增长趋势相反的是，早期轮次投资的减少。2020 年上半年天使轮及 Pre－B 轮的并购交易数量和规模均环比大幅度下降 50%，分别仅有 6 宗和 9700 万元。

（五）交易区域总体分布：长三角、珠三角仍是主战场，出境交易规模有所减少

2020 上半年的国内交易规模约为 307.28 亿元，环比下降 9%，交易数量则小幅增加 1 宗（见图 9）。国内交易主要以长三角、珠三角为主，两地合计贡献 61% 的交易数量以及 72% 的交易规模。

国内外经济、政治前景存在不确定性，2020 年上半年出境交易数量虽保持在 6 宗水平，但交易规模则环比大幅下降 53% 至 18.4 亿元。投资者主要在东亚、北美等地物色投资优质的物流智能信息化企业及综合物流企业。

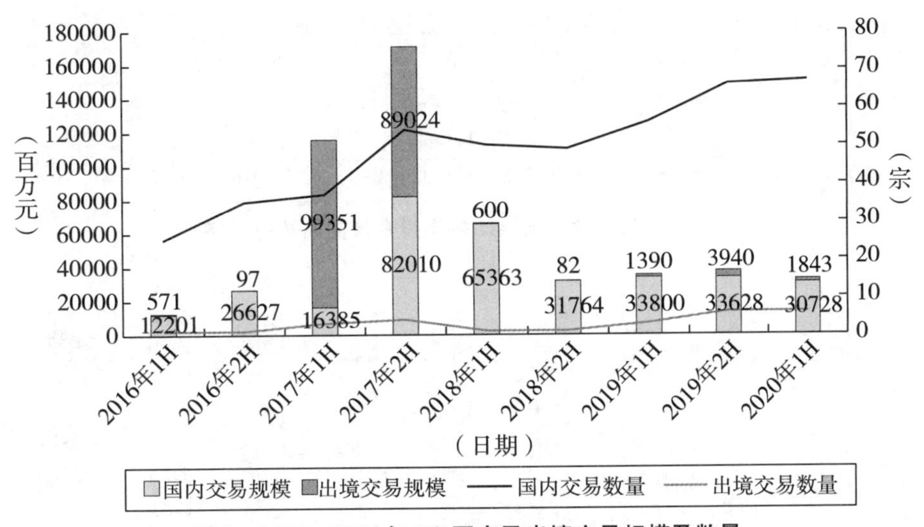

图 9　2016—2020 年 1H 国内及出境交易规模及数量

资料来源：清科、投中、汤森路透、Mergermarket 及普华永道分析。

（六）投资者类型分布：领先产业投资者顺势整合，金融投资者加速前行

受国内外新冠肺炎疫情持续变化、国内资本市场改革、“新基建”浪潮及“经济内循环”等多重因素影响，投资者虽趋谨慎但亦积极投资开拓。金融投

资者和领先的物流企业都试图在这变局时期抓住黄金机会，捕捉更佳的投资并购标的。

国内外经济前景不明朗，领先产业投资者除关注自身经营状况，亦力图抓住行业整合窗口期，挖掘交易机会扩大市场份额。2020 上半年产业投资者的交易数量虽环比小幅减少 6 宗至 26 宗（见图 10），但若不考虑巨型交易的影响，2020 年上半年的 160 亿元交易规模则较 2019 年下半年的 70 亿元（不考虑菜鸟网络 233 亿元巨额交易）大幅增长 1.3 倍（见图 11）。

2020 年上半年金融投资者主要倾向投资布局领先、偏成熟的企业，因此在交易数量小幅增加 3 宗的前提下，交易规模获得 83% 的大幅增长至 112 亿元。在金融投资者的加持下，零担快运、物流智能信息化等领域的龙头企业将在疫情窗口期加速抢占市场份额。

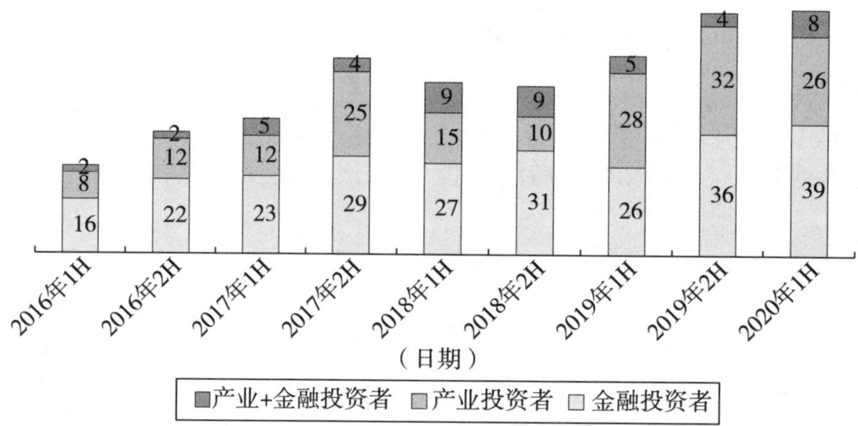

图 10　2016—2020 年 1H 各类投资者交易数量（宗）

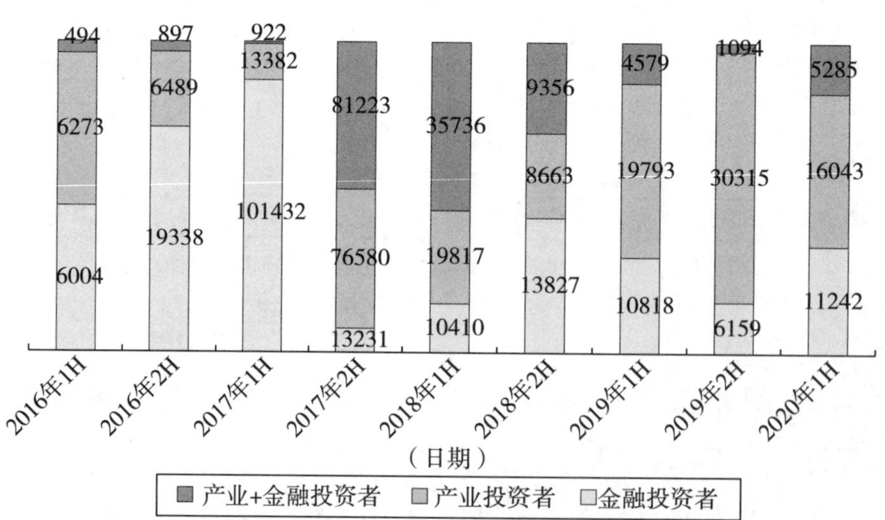

图 11　2016—2020 年 1H 各类投资者交易规模（百万元）

资料来源：清科、投中、汤森路透、Mergermarket 及普华永道分析。

（七）物流行业下半年展望

1. 发展趋势

目前，国内经济社会活动逐渐走出和适应疫情，中国物流行业亦逐步从低位运行的巨大挑战中恢复过来。展望 2020 年下半年及未来一段时间，中国物流企业或仍将在需求缓慢复苏、价格低位运行的行业环境中寻找“产业”先机，挖掘“价值”关键，夯实“技术”基础，实现在复杂多变的国内外经济、社会的大环境下前行、发展与迭代。

产业：产业链的持续转型升级，引起了商流的深刻变化，推动着物流行业各领域趋势的调整与竞争格局的重构，中国物流行业正进入深度变革与迭代的时期。

价值：经济前景的不明朗与资本市场的改革，推动行业的价值关注点聚集在“规模”与“盈利”上，二者的重要性比以往任何时候都凸显，行业优胜劣汰加速上演。

技术：5G 商用落地与产业互联网互促发展，推动物流智能信息化技术对物流行业“数字化、智能化、自动化”水平的提升，为全行业快速发展构建新的物联网科技能力基础。

2. 投资趋势

中美摩擦升级、国内外经济形势存在不确定性，物流行业的融资及投资环境无疑面临较大压力和挑战，但机遇总与挑战并存。展望 2020 年下半年及未来一段时间，普华永道认为，在行业变革发展的窗口期，在资本市场改革的推动和产业互联网的热潮下，投资者仍将继续关注物流行业的投资机会，在不确定的环境里保持确定性与稳定性。综合物流、快递快运、城市新零售物流、生物医药冷链、物流智能信息化等领域受到较多关注。

（1）产业互联网热潮叠加资本市场改革，投资者加速入场。

受产业互联网热潮影响，越来越多投资机构将其投资重心转移至 2B 领域，并延伸至进入行业变革与迭代期的物流行业。随着新三板精选层、科创板、创业板注册制等一系列资本市场改革新举措的推行，投资退出路径日趋丰富和多元，大大提升投资机构的积极性。

普华永道认为，产业互联网热潮叠加资本市场改革，以及物流企业陆续登陆资本市场的良好氛围令越来越多投资者将关注物流行业的投资机会，在不确定性的经济环境中物色“规模、盈利、效率”领先的企业，保持投资的确定性与稳定性。

（2）规模效应领先的综合物流、零担快运领域继续受青睐。

商业模式清晰、规模效应领先的综合物流、零担快运或将继续成为投资者关注热点领域。新冠肺炎疫情暴发之后，与货主企业供应链体系的深度融合以提供仓储、运输、配送、供应链管理等一体化服务的领先综合物流企业更受到投资者的青睐，显著的规模优势使这类企业拥有良好抵御不明朗经济风险的实力。

而受益于家电、家具、家装等大件商品销售的持续线上化，以及消费渠道变革带来物流供应链的柔性化迭代，零担快运将继续快速发展。领先的零担快运企业在资本的加持下抢占市场，行业集中度将迎来快速提升期。未来，头部的零担快运企业或将继续吸引投资者关注，并陆续登陆资本市场。

（3）城市新零售物流、医药冷链物流等疫情关联度高的领域受到关注。

新冠肺炎疫情期间催生的购物新热潮在后疫情时代继续改变着居民的消费模式（线下到线上）和消费场景（从菜市场到超市），推动了以冷链配送、即时物流为核心的城市新零售物流再次发展。而因疫情持续火热的生物医药领域亦将提升医药冷链行业的关注度，尤其是具有较高准入门槛的生物医药冷链领域，行业或将迎来发展黄金期。

在城乡消费升级和“经济内循环”的经济背景下，生物医药冷链物流进入高速发展期，相应领域的领先企业将备受投资者青睐，部分拥有良好二级市场热度以及核心竞争力的企业将获得较高估值。这些企业将在资本支持下，通过技术赋能等方式在发展关键窗口期提升经营效率、扩大市场份额，逐步形成“技术”与“规模”护城河。

（4）物流智能信息化将是行业长期投资热点。

“新基建”热潮势不可当，尤其是5G、人工智能等技术推广和使用，疫情期间备受重视和应用的物流智能信息化或将迎来新一轮的升级与发展。新技术持续赋能，物流数字物联网化与设备智能自动化将交相涌现，物流智能信息化或将逐步提升物流行业乃至整个经济社会运行的价值，市场规模亦将扩大。

普华永道认为，随着数家领先企业成功上市，投资者将对物流智能信息化领域给予更多关注，并对其经营成长有了更充分的信心。展望未来一段时间，仓储自动化与智能化、智能驾驶与配送、物流信息化与数字化运营等领域都将受到资本的更多关注。

注释：

1. 除特别说明外，本报告不包括未披露金额及交易金额在人民币1000万元以下的并购交易。

2. 除特别说明外，本报告所使用货币单位均为人民币。

3. 本报告按交易金额划分为如下四类交易：巨型交易（100亿元及以上）、大型交易（10亿至100亿元）、中型交易（1亿至10亿元）、小型交易（1000万至1亿元）。

联系我们

吴伟伦
普华永道中国内地及香港地区运输与物流业主管合伙人
电话：+852 2289 2828
邮箱：alan. ng@ hk. pwc. com

张锐
普华永道中国内地及香港物流行业交易服务主管合伙人
电话：+86（20）3819 2274
邮箱：roger. zhang@ cn. pwc. com

（普华永道中国内地及香港物流行业交易服务主管合伙人　张锐）

2020 年大宗商品平台发展回顾与未来展望

一、2020 年大宗商品平台发展回顾

（一）大宗商品平台定义

1. 大宗商品的定义

大宗商品是指可进入流通领域，但非零售环节，具有商品属性并用于工农业生产与消费使用的大批量买卖的物质商品。大宗商品的品类主要包括能源、有色金属、煤炭、钢铁、大豆、橡胶、化纤等产品。大宗商品具有金融属性，在金融市场中可以作为期货、期权等金融工具的标的来交易。

2. 产业互联网的定义

产业互联网是指通过互联网对供应链的上下游供需端进行连接渗透，将上下游供需端的采销通过线上交易的形式完成。通过互联网平台，将物流、信息流、商流、资金流进行整合，推动线下资源向线上聚集，利用人工智能、大数据、云计算、区块链等先进技术，实现全产业链条的上下游协同。

3. 大宗商品平台的定义

大宗商品平台是指通过产业互联网的形式，将煤炭、钢铁、能源、化纤、农产品等大宗商品以互联网、物联网、大数据、云计算、区块链等新兴技术将上下游产业链串联，整合产业资源，打造集信息服务、交易服务、数据服务和供应链服务于一体的平台，创新“交易＋供应链”的商业模式，推动产业全链路升级。

（二）大宗商品平台发展的四个阶段

1. “1.0 阶段”：信息展示阶段

大宗商品平台的 1.0 阶段是以信息展示为主，这个阶段主要解决企业信息不对称问题，在如今高度发达的互联网时代，信息的不对称问题已经解决。部

分大宗商品平台依然以信息展示为主，如石材平台电商，因石材属于非标性产品，难以通过线上完成一站式的验货、采购、支付、物流等环节。信息展示平台的盈利模式则是以广告费及会员费为主。

2. “2.0 阶段”：交易阶段

大宗商品 2.0 阶段是买卖双方通过平台介入交易流程，通过第三方征信为双方建立信任，将贸易转移到线上，利用平台进行货物的交收和资金的收付，同时还可以为企业提供信用担保等服务。2.0 阶段的典型代表是以“找”字为开头的大宗商品 B2B 交易平台，开展撮合或自营业务。

3. “3.0 阶段”：融合阶段

大宗商品 3.0 阶段以移动互联网、大数据等技术为基础，将物流、金融、仓储、加工等贯穿交易环节，实现上下游协同。

4. “4.0 阶段”：生态阶段

大宗商品平台 4.0 阶段是通过区块链技术为应用底层，以物联网、大数据、人工智能、云计算为支撑的交易和服务平台，通过交易的数据化、智能化推动贸易的便利化和全球化。实现商流、资金流、物流、信息流“四流合一”，以新型贸易平台推动大宗商品产业互联网的发展。

（三）大宗商品 B2B 平台的经营模式

1. 以信息展示、资讯服务为主的经营模式

（1）模式介绍。

在资讯服务方面，平台向客户提供资讯、行情、数据的服务，通过制作价格曲线、行业数据、行业新闻动态统计分析报告以周报、月报、年报、专题、电子期刊等形式为客户提供全面的行情数据。部分平台以线下论坛、交流会的形式，向会员提供专业知识的学习服务。

在信息展示方面，通过为会员提供店铺、产品曝光的服务，让会员获得更多的广告流量及曝光机会，从而提高销量。

（2）盈利方式：一是平台上缴纳的会员费；二是平台收取的广告费用；三是线下组织会议收取会费；四是数据分析服务费用。形成“会员 + 广告 + 会议 + 数据服务”的盈利方式。

2. 自营模式

（1）模式介绍：自营模式是自采自销的形式，平台向上游供应商采购大宗商品，完成验收后，进入指定仓库，并将信息同步到大宗商品交易平台，由平台对外发布商品供应信息，客户根据需求在平台内下单并支付，平台向客户开出货物提单到指定仓库提货，完成货物的销售。对平台而言，当商品价格上涨时能够享受溢价的利润，当商品价格下跌时，需要承担下跌的折价。大部分平台方采用自营模式时，会利用金融工具在金融市场上对冲，以降低风险。

（2）盈利方式：主要是通过赚取商品的差价。

3. 撮合模式

（1）模式介绍：平台通过聚集大量的供应商与采购商会员，为平台内的会员提供撮合交易服务。平台本身不参与贸易环节，通过平台进行交易后，资金沉淀在第三方支付平台作为保障。

（2）盈利方式：撮合模式的盈利来源一般情况下以收取手续费为主，但按照目前大宗商品 B2B 平台的行业发展来看，大宗商品平台的撮合模式很难盈利。

4. 联营模式

（1）模式介绍：联营模式是平台方将供应商商品的价格、数量、规格等信息在平台内发布，客户根据采购需求下单并付款后，平台将订单推送给供应商，由供应商发货；平台替供应商收款后，再和供应商结算，平台作为中间方存在，不介入交易的流程，销售收入不计入平台收入。

（2）盈利方式：平台赚取的费用主要是供应商给的销售佣金，一般情况下是按照销售额比例支付。

5. 集采模式

（1）模式介绍：集采模式是指平台通过聚集下游大量的小单需求，形成议价能力，向上游供应商集中采购，并通过平台向上游供应商、下游客户进行结算，集采模式下平台参与整个交易过程。平台作为集采商能够为上下游提供更多额外增值服务，如金融、物流服务。集采模式容易形成垄断性，造成上游供应商被压价，下游客户成本提高。

（2）盈利方式：集采模式主要是以差价的方式盈利的。

6. 寄售模式

（1）模式介绍：供应商在平台内开设寄售卖场，将商品在平台内展示，客户根据需求在平台内下单并支付，平台向寄售方发出采购需求，并支付货款，通知客户到指定地方提货。寄售模式下，平台是参与交易过程的，寄售的收入计入平台的销售收入。

（2）盈利方式：一般情况下，平台按照销售量向卖方收取一定的寄售服务费。

（四）大宗商品创新模式

1. SaaS 服务

SaaS 服务用于大宗商品平台，可以实现业务的高效管理和协同、建立统一标准。SaaS 服务可以直接将上下游采购的单据进行转化，如采购订单可以转化为销售订单，销售订单可以生成应收对账单，实现单据的流转与上下游的协同。SaaS 使用方都是使用统一平台，所以单据、格式等都是标准统一的。平台通过 SaaS 线上业务系统实现与合作伙伴的商流、信息流、资金流和物流全程线上可视化，为客户提供物流、金融、仓储、加工等各项服务。

2. S2B2C 模式

目前大宗商品采用 S2B2C 模式的平台比较少，S2B2C 模式指的是平台为 B 端企业提供服务赋能，以支撑 B 端更好地服务于终端客户，打造 S2B2C 模式必须实现交易过程的在线和透明化。大宗商品平台作为全产业链服务商，通过集合下游客户需求订单，向上游供应商采购，并为客户提供物流、金融、仓储、加工等服务。

（五）大宗商品平台与信用管理

1. 大宗商品 B2B 平台作为核心企业的优势

利用平台作为核心企业的资源优势，将企业的交易数据、物流信息、资金数据和发票数据作为数据资产基础进行增信，将金融与类金融机构的资金引入，满足平台内上下游客户交易的融资需求，提升生产和流通效率。

2. 金融的本质是信用

作为核心企业的大宗商品平台，引入供应链金融需要建立完善的风控体系，一是引入外部的工商、征信等数据，二是将平台内的交易数据、物流数据、资金流数据、仓储数据、用户回款表现等业务数据进行分析，三是对内外部数据进行交叉分析验证，形成多级风控体系。

以用户在平台内的交易为基础，为用户提供预付款融资、库存融资、应收账款融资等服务。

3. 大宗商品平台提供信用服务的方式

（1）以赊销的形式提供给用户。

根据用户在平台的历史交易数据，向具有良好交易行为的买家用户提供一定的赊销服务，让买家可以实现先提货后付款。通常情况下，在信用额度内能够在平台内采购，该方式类似银行的信用卡形式。

（2）为客户提供代采代销模式。

平台以代垫资金的方式帮助有采购需求且交易行为良好的会员进行代采代销服务。一般情况下，需要会员用户先提交一定的保证金，由平台向上游供应商采购，同时再销售给客户，根据客户的回款，会员用户再跟平台进行结算，平台将利润打给用户。

（3）为客户预付款融资服务。

用户向平台缴纳一定的保证金，平台再配给用户一部分的资金，使用户可以向上游供应商采购，但是货物需要通过三方物流进入第三方监管仓库，用户在取货之前将钱打到平台，由平台开具提货单到指定仓库提货。

（4）票据贴现。

平台可以为会员用户提供银行承兑汇票及商业承兑汇票的贴现服务。

（六）大宗商品平台与物流

1. 目前大宗物流存在的问题

（1）产业集中度低，导致南北向车源、东西向车源不平衡。

（2）大宗货物物流成本高，甚至出现大宗货物价值比运费低的情况。

（3）大宗货物业务功能单一，增值服务缺失。

2. 网络货运如何提升大宗商品平台的综合服务能力

（1）通过数字化能力，为大宗商品平台提供数字科技服务、数据服务、金融服务等。通过网络货运平台对车辆及司机进行数据采集、数据分析及数据应用，为大宗商品平台提供价格指数分析、价格预测等服务。

（2）解决大宗商品平台的供应链金融真实性问题。网络货运平台可以实时记录车辆信息，反馈司机、车、货的时间状态；实时查询货运轨迹，对路线进行采集并与规定线路比对；车型数据与货物的重量、体积数据对比，利用网络货运平台及时、可靠的物流数据，向金融机构提供真实性依据。

（3）降低企业税赋。在大宗商品的供应链链条上，物流环节的费用占比很高，如石灰石的物流费用占比高达50%以上。国家为网络货运企业出台了很多税费优惠政策，若大宗贸易企业能够在运输上获得专票，则可以为大宗贸易企业大大降低成本。网络货运平台可以根据货主的需求，委托司机进行承运，司机把车辆及个人信息提交给平台，运费可以通过网络货运平台直接打款给司机，解决大宗贸易企业增值税进项抵扣不足的问题。

（4）解决重复物流问题，防止重复物流的情况发生。大宗商品交易平台与网络货运平台对接后，可以让上下游企业及时地获取货物信息，实现地区内贸易，降低物资成本，也能很好地解决重复物流这一问题。

3. 多式联运为大宗商品运输降本

大宗商品运输天然具有多式联运的基因，与网络货运平台一样，通过多式联运平台将“公铁水”的相关信息实时传送给大宗商品平台，一方面帮助企业降本，另一方面也是金融机构发展供应链金融的一个有力保障。

二、2021 年大宗商品平台展望

（一）平台信用管理体系健全

（1）向专业化、精准化发展：大宗商品平台的供应链金融会向更专业化、服务精准化发展，将会与产业深度融合。产业电商与金融的深度融合将会衍生出更多新的服务，推动大宗商品平台的信用体系建设与管理。

（2）实现数据共享：金融机构获取信息的成本将大大降低，原有的以银行为主的信用体系将被打破并进一步完善，不同金融机构之间的数据将会实现共享。

（3）平台形成信用报告：大宗商品平台将资金流、信息流、商流、物流等数据进行大数据分析与处理，形成特定信用报告提供给金融机构

（4）大数据应用得到充分体现。金融机构对贷款主体的监控，将从财务报表等静态数据，转变为动态数据的实时监控。平台将实时变化的数据传递给金融机构，并提供了部分数据变化预测，能够做到及时通知和给出建议，从而将金融机构风险降到最低。

（二）大宗商品平台的模式日趋成熟

当前，大宗商品平台的经营模式主要有撮合模式、自营模式、寄售模式、联营模式、集采模式等，平台的盈利主要来源于物流、金融、仓储、运输、加工、资讯信息、行情动态分析等，2021 年随着互联网等技术的进步，将会有更多新的平台模式产生。未来加入大宗商品平台赛道的企业会有以生产制造型企业搭建的大宗商品平台，以贸易型企业搭建的大宗商品平台，以技术驱动型企业搭建的大宗商品平台，以物流驱动型企业搭建的大宗商品平台，共同参与竞争。

（三）大宗商品供应链往数字化方向转型升级

用区块链技术重构大宗商品平台生态，将大宗商品交易的每一个环节的票据、单证、历史交易记录、物流信息、资金流信息、信用记录等全部上链，在统一的数据标准下形成一条不可篡改的数据链路。同时使银行、担保、保险公司等第三方金融机构可以对接链上信息，形成供应链金融的智能合约，使 B2B 交易完全线上化，交易成本将大幅降低，实现数字化转型升级。

（福建好运联联信息科技有限公司　郭斌、刘泽平）

特 约 报 告

诚信·大数据·平台

2020（第四届）全国物流诚信创新大会暨网络货运平台信用体系建设高峰论坛在甘肃金昌召开，中国物流与采购联合会专家委员会主任戴定一莅临大会并发表题为《诚信·大数据·平台》的重要讲话，内容如下。

戴定一表示，分工贯穿于诚信、大数据、平台这三个概念之间。诚信解决分工，大数据促进分工，平台是推进分工的主力军，所有的发展都可归结为分工的规模扩大和深度加深。为什么诚信非常重要？诚信究竟是什么？具体是如何培养起来的？建立全社会的诚信体系最关键的措施是什么？为什么说数据真实性影响大数据的发展？解决数据真实性的机会和方法是什么？为什么说平台是建立诚信的主力军？平台的发展和传统企业有何不同？平台和一般企业到底有什么区别？本文通过思考这一系列的问题，了解问题背后的底层逻辑和框架，引导大家对原来熟悉的概念和问题产生新的认知。

（一）诚信

1. 诚信是分工协作即市场经济发展的基础

所有的分工都受制于交易成本，聚焦交易成本的问题所在是解决分工深度和分工规模的关键。诚信则是降低交易成本的一个非常重要的因素。社会交易成本的降低和分工协作的流畅都离不开诚信。在这里诚信不是作为道德问题提出来的，而是看作人在理性的权衡和比较下作出的选择，是在一定机制下的一种必然行为方式。

最合理的机制就是契约精神。契约精神包括三个要素：契约、法制、诚信。所谓契约就是有约在先，通过规定去判断是否违约。在违约的过程中，法治解决的是普遍的底线，诚信解决的是差异性契约。商业领域个性化的交易促使了协议个性化，多是双方一种特殊的约定。违约属于不诚信，但不一定违法，这两件事情构成了契约的约束，由此产生了契约精神。契约精神保证了交易成本能够不断降低。历史上契约精神是从反复交易的过程中逐渐形成的。

共享交易信息是产生契约精神最有效、最方便的形式，也是促使反复交易最简便的方法，利用共享交易信息可以实现反复交易所能达到的效果。所以这个过程就是推动分工协作规模的扩大，靠协作实现市场机制的自我完善过程，也就是所谓的诚信。每一个人都会存在着诚信和不诚信的两种内在因素，重点在于构建彰显不诚信产生的代价和诚信带来的好处这样一个机制和环境。

2. 诚信 = 不违约（行为）

黑名单比红名单更有共享价值，主要原因有以下三点：第一，违约的信息在共享信息的过程中是最容易得到的，是共享的最低信息量；第二，违约事件标准简单且容易形成共识；第三，应用不对称性，违约和不违约的作用是不完全一样的。违约是个底线，不违约则有很多空间，因此定义红名单的标准因人而异，多元化的结构使共享起来比较困难。诚信的底线是黑名单，这就是对诚信这个概念的结构理解。

3. 平台分会的探索之路

建立诚信信息的共享是平台分会成立以后在诚信探索的道路上推动的第一件事，也是平台分会成立的重要原因之一。从促进黑名单的共享到标准的制定及完善，清晰并统一了不诚信就是违约这个概念。积极构造共享信息，扩大它的使用范围及共享范围。先是与政府部门监管信息的共享，政府非常支持将违法违规的名单纳入。随之而来就出现了责任的分担问题，对于共享后所承担的责任，规定的信息能否公开、如何公开、承担什么责任等一系列的标准都需要在共享过程中去解决。总之，在推动平台分会成员之间共享信息的基础之上，不断改进和完善标准，达成的共识越来越多，最终促进了成员之间的协作。这项工作到目前为止还有很长的路要走，但是方向非常明确，就是扩大信息协作体系，通过分工去解决合作中存在的问题，分工是核心以及贯穿所有的方法和思维。

（二）大数据

1. 大数据的困惑

大数据已经被认为是通向智慧物流的道路，但是路究竟在哪呢？已有的大数据为什么不能扩大分工协作的空间？从这一角度可以发现，这个问题就是无车承运人试点过程中暴露的数据真实性问题。数据在单位内部循环使用，无论真实与否、及时与否，都是自身在使用，但是当需要扩大到别人来使用时，数据是否真实就至关重要。数据本身的“诚信”影响了数据的价值，如果不诚信将不能够推动新的分工协作出现。很多人需要物流的数据，但是用不起来，因此无法加入物流行业的分工协作中去。对摆在面前的道路应该做出一个选择，我们究竟是把大数据重点放在智慧、降本增效、解决自身的问题，还是解决整个物流行业数据的真实性问题。

2. 数据的真实性

数据的真实性，并没有统一的客观标准。要推动分工协作规模的扩大，实际上就是要用分工协作的共识来解决什么是真实的标准。不同的人对数据真实的要求是不一样的。真实性不是一个绝对的概念，而是一个协作过程中出现的矛盾，要在协作中去求得共识。所以它只是一个接口标准，可以从不同的维度认定真实性，满足不同的协作就是检验真实的标准。

这也给了我们一个启发：要先有协作目标，才能推动真实性的共识，才能制定能用的接口标准。讲到接口标准，大家总是希望越趋于统一越好。标准服务于协作，协作是个性化的，接口就是个性化的，协作的范围很广，那么大家的一致性范围就很广，所以标准要不要统一，统一到什么程度，实际上是一个协作背景的问题。因此不是先制定标准，再去普及和寻求合作者，而是先有合作者，确定要合作的事情，发现矛盾后求得共识，达到的共识就是标准。所以标准是依赖于协作的，先有协作后有标准，在这个问题上需要把思维颠倒过来。过去我们对于标准的认知往往是用管理理念看待标准，所以总是从上到下去宣贯。在市场经济下的协作类标准是先有协作，然后才会形成标准。我们会鼓励个性化起步，但最终在分工协作体系的扩大过程中，接口标准会越来越趋于统一。随着协作范围越来越大，体系之间产生吞并后，标准就一致了，协作体系的演化过程并不是标准本身在扩大统一或者缩小统一，这是市场化标准的发展规律，不断地推进分工协作体系的演进，分工协作的各方达成的共识也会发生变化，这个标准也就会发生变化。

目前，物流大数据应用最大的机会是金融、保险、税务对物流信息的共享。大家最深有感受的问题出在税务上，出现了普遍的开票乱象，因为税务的标准要求比较统一，地方突破的机会比较少。但是金融、保险有机会形成个性化的合作标准，只要我们愿意去扩大金融企业、保险企业来参与合作，那么就有机会形成新的标准。然后这些标准在发展过程中越来越统一、合作范围越来越大，这是一个很大的机会。这个机会将会极大地改变我们物流行业，金融、保险的介入会带来一个完全不一样的产业，价值点会越来越多。

3. 实践中常见的问题

（1）在实践过程中，一定要把自身拥有的物流数据作为基础，物流数据应该是连接类的数据，其特点有三个要素：第一，要有对象的身份ID；第二，一定要有时空属性；第三，要有责任属性，对于这个使用状态谁负责任？是一方还是双方，是交接还是在一方的控制之中。其他的信息会和这几个要素相关联，由于物流掌控着分工的过程，不要忽视物流数据带来的优势。

（2）目前我们在扩大分工协作过程中，分散的协作实践不少，大家都在努力探索拓展金融和保险，或者是拓展税务、商贸，但是缺少一个共性的探讨交流，对于解决其中的一些具体问题，我们往往是满足于具体问题的解决，没有形成积累的过程从而达到认知的提升，了解了这件事解决了一个什么逻辑关系，得出了一个什么原则或者认知。希望平台分会能够把所有这些个性化探索，扩大分工协作过程中积累的问题，形成一些共性，然后达到认知上的提升再反馈给大家，这个仍然是可以通过协作来完成的事。个人的认知很难进步，进化速度非常慢，但在讨论交流中认知变化速度会非常快，最关键的是认知要提升，我们实践才会少走弯路。

（3）监管部门采集数据的要求也有一定的盲目性，目前较为突出的矛盾就是官方采集数据责权不对等，采集的数据跟承担的责任、风险是不对等的。盲目扩大采集数据给企业带来了负担，这是目前数据建设过程中的一些问题及负面影响。从整个宏观上，我们对数据管理缺少立法、缺少监管，也缺乏成绩。国际上先进的欧美国家，对于数据管理的立法，无论在理论上还是在实践上，都要远远领先于我们。我们只有一些政策和领导讲话，没有基础研究和立法，因此无法跟国外交流、接轨。这一点也希望平台分会能够关注一些底层逻辑，去研究吸收欧美在数据管理上的成果。

（三）平台

1. 平台与一般企业的区别

如果讲诚信是目标、数据的真实性是手段，平台就是主体。平台是为客户构建分工协作体系，并提供公共管理和公共服务的商业性机构，平台的实质是为分工协作牵线搭桥，所以如果平台都是单一客户，发展就相对困难。平台客户越复杂，说明分工协作越充分、越细致、越全面。

平台不应该是一类客户的代表，至少是两类，他们之间能够发生交易和合作。平台的任务不是自己去做一些具体的业务，而是为客户去构建分工协作体系，吸引客户加入，能够形成新的分工协作，形成新的交易。公共管理指的是规则，公共服务就是支撑这些分工协作的一些辅助服务，比如培训、支付、保险或者 IT 这些交易以外所需要的一些保障。引进的分工协作体系越广，平台的业务范围就越小。世界上最大的分工协作体系就是互联网，互联网本身只提供一个 IP 和路由的管理，用户自己在分工协作，互相沟通内容、交易，由此可以看到这样一个平台的发展规律，引进平台的客户越多，功能就越趋向于集中，目标始终瞄准分工协作的公共管理和公共服务。

平台的成功与否在于客户之间的交易规模和深度。平台的公共管理是规则的引导，公共服务是交易的补充和完善，平台企业目前要突破的，是公共服务和公共管理究竟怎么盈利。

2. 无车承运人试点演化之路

通过无车承运人的试点演化，分工体系是怎么转变的？初期的试点是允许一些无车平台能够使货主和运力之间的协作从信息沟通扩大到交易，尽管初期很多有资质的企业也在申请无车承运的资格，实际上对他们来讲意义不大，真正有意义的是对这些没有资质，只能做信息撮合，再逐步发展到能进行交易的平台，给予他们交易资格。随之增值税票抵扣这个问题出现了，增值税抵扣的矛盾推动了代开发票。由于数据核查非常困难，造成了非常普遍的虚假开票，数据的真实性问题就变得非常突出，甚至有可能断送无车承运人的发展。

为了解决这个问题，平台分会把数据的真实性验证这个问题提到日程上来，共识越来越多，促进大家携手解决数据的真实性这个问题。现在有部分平台已经开始探索与银行和保险公司合作，在合作过程中已经解决了真实性的局部问题，只要银行、保险公司合作，说明大家在“真实”这个问题上达成了共识。有了标准，也为税务的核查奠定了基础，未来的核查未必需要税务出面，保险公司和银行就可以核查，满足银行、保险公司的真实性要求，应该也能够达到税务的要求。这就使未来税务的核查会变得越来越容易，也就是说我们正处在行政监管委托商业监管实现的这样一个过程中，如果分工协作体系足够发达的话，行政监管发挥职能的地方就会越来越少，商业者彼此牵制，客户本身会杜绝不诚信的行为，这需要有一个非常规范的分工协作体系，使税务能够更上一个台阶。金融保险行业的数据共享，可能是目前解决数据真实性的必然途径，可以促进平台税务的数字化。

3. 平台的未来

平台是大数据的生产基地，是数据时代制定游戏规则的重要参与者，但是目前准备尚不充分，还没有意识到在数据时代平台企业的发言权要远远超过一般企业，即使是很大的龙头企业，它的代表性也远不如平台企业。因为平台是社会分工协作的枢纽，也是创新的源泉。特别要强调的是平台将会推动公共管理和公共服务商业化，可以分担政府的很多行政监管功能，越来越多的政府部门职能会转向公共管理和公共服务，而不需要处理民间的纠纷，对于整个社会的发展将会产生不可估量的影响。

最后小结一下：当前最具有开拓价值的方向是金融、保险、税务这些领域的合作，这将会极大地改变物流产业。数据的真实性问题目前是障碍也是机会，解决这个问题就是一个发展的契机。真实性以满足协作为准，在协作中演进，没有绝对的标准，一切以协作为本。平台是数据时代的主力军，是数据真实性的责任担当者，对于平台自身也是机会。平台要探索公共服务、公共管理的发展规律，当然很多的问题是在演化中逐步出现，会逐步得到解决，这就回到分工协作体系不断深化、不断演化的这样一个过程之中，始终盯住分工协作这样一条主线，分工既是目标，又是解决诚信的一个方法。

（中国物流与采购联合会物流信息服务平台分会秘书处整理）

试论网络货运格局下我国公路物流业税收制度供给的若干问题

党的十九届五中全会公报在提出全面深化改革，构建高水平社会主义市场经济体制时，强调指出，充分发挥市场在资源配置中的决定性作用，更好发挥政府作用，推动有效市场和有为政府的更好结合。要激发各类市场主体活力，完善宏观经济治理，建立现代财税金融体制，建设高标准市场体系，加快转变政府职能。这一系列饱含时代精神的理论创新论述，为我们探讨和认知我国公路物流业的税收制度供给指明了方向，坚定了建设具有国际竞争力的中国特色公路物流体系的信心。本文拟从我国公路物流业产业组织的特征出发，分析网络货运对税收制度供给的内在要求，结合税法适用相关现象的讨论，就完善我国公路物流业税收政策提出粗浅的建议，以期抛砖引玉，对促进我国公路物流业稳健发展有所助益。

一、我国公路物流业产业组织模式的基本特征和传统税收征管制度对其的认知扭曲

通过全国范围的无车承运人试点和《网络平台道路货物运输经营管理暂行办法》的颁布，我国公路物流业的产业组织模式——物流公司不拥有车辆（或拥有车辆也是租售给个体司机），不直接从事货运生产，个体车辆是运力主体，物流公司通过组合个体车辆，响应规模化的社会货运需求，进入了相关部门的政策视野。要研究网络货运的税收制度供给，这里值得关注的有以下互有关联的两个方面问题：一方面是为什么我国公路物流业产业组织模式改革开放以后，早已演化为无车承运模式，而税收征管制度和公路货运管理制度上还是以物流公司使用自有车辆的有车承运为背景假设呢？由此产生的影响有哪些呢？另一方面是我国公路物流业的产业组织模式为何没有遵从有车承运假设下的政策规定转变为有车承运呢？还原我国公路物流业产业组织模式的客观认知，由此引发的税收制度供给需求有哪些呢？

首先回答第一个方面的问题，税收征管以有车承运为假设背景是因为传统

的公路货运企业无法提供其运输生产活动的完整数据举证，而以财务会计核算为信息来源基础的传统税收征管信息模式又没有接受企业以运输生产活动数据举证的制度安排。这样，个体卡车司机与物流公司之间的货运服务关系就被当作物流企业内部的运输生产活动，物流企业如果提出自身无车就不能获得运输经营许可，也不能从税务机关领到发票进行运输收入结算，只能被迫将无车模式做有车核算，其中内置的混乱和困惑可想而知，这方面的详细分析，可以参看作者在《税收经济研究》期刊2015年第一期上发表的文章《大数据视角下完善我国公路物流业税收征管模式的探索与实践》。这种制度格局产生了四个方面的结果，一是有车承运的假定屏蔽了无车承运对税收制度供给的需求，在公路货运行业内部卡车司机与物流企业之间的货运交易采取了无税结算的方式，只是在物流企业与货主单位之间进行运费结算时，才产生开具和传递发票的需求，在整个公路货运生产内部各参与主体之间是无税结算，公路物流业的税负率实际上就是交通运输业营业税税率的3%，用有车承运的假设推定，实际上避免了公路货运产业链内部的重复纳税。二是因为认为交通运输缴纳的是营业税，这就摆脱了交多少抵多少的思维定式，将税负率和货主单位的增值税抵扣率相互分离，规定可以按照交通运输业营业税发票开具的运费金额计提7%的增值税进项税额，这在一定程度上缓解了工商企业外购货运服务增值税抵扣税额不足的问题。三是以有车承运为假定，发票的供应以运输企业名下的车辆数量为核定依据，通常一辆重卡货车每年允许领用和开具的营业税发票金额是60万元左右，总体上形成了按社会卡车保有总量为基准的发票供应和开具金额限制，显然有助于遏制虚开虚抵运输发票的风险。四是由于货运公司名下拥有的车辆实际上都是个体司机挂靠经营的车辆，这类企业常常没有货运业务却有开票的权利，或即便是自身有业务也并非由其名下的车辆运输，而实际从事货运的物流公司如果名下无车就难以获得领用和开具发票的权利，至少部分经营活动需要假道其他公司开票，这样代为开票不仅不可避免，甚至是行业运行的常态。更为值得关注的是，公路货运企业无车承运却要按照有车承运进行纳税申报，可以说是跑得赢货运，却无法跑得通财务核算，制约了我国公路物流企业的规范化、规模化的发展。

其次回答第二个方面的问题，传统税收征管对公路物流业产业组织模式存在认知扭曲和制度供给背离，那么，我国公路物流业为什么仍然是这样的产业组织模式呢？这是因为只有当卡车的所有权、使用权和收益权为一个主体所拥有时，单个卡车的运输效率才是最高的，即货运卡车个体经营的效率最高。但是，社会化的生产、流通和消费产生的大规模物流需求，对应的规模化、高效率的运输组织，这又是单个司机和其车辆所无法完成的，这就客观导致了个体司机与物流公司之间的社会分工，使两者的优势并行不悖又相得益彰，从而形成了我国高效的公路货物运输体系。可见，我国的公路物流业产业组织模式具有内在的合理性和效率优势，扭曲的认知和背离的制度供给并不足以改变这一组织模式，只会增加公路物流的社会耗费。因此，在税收制度供给上，要回应我国公路物流业产业组织的现实状况，解决我国公路物流产业存在的个体分散经营效率性和社会运输需求集约化、规模化的制度缺失问题，减少公路物流社会化分工协作的制度成本和摩擦耗费。这里的目标是释放公路物流各类市场主体的活力，排除公路物流业社会分工体系中制度层面的连接梗阻，提升我国公路物流体系整体运行效率，为各类公路货运市场主体规范经营、稳健发展提供良好的制度环境。具体而言，就是充分利用网络货运的信息技术条件，在保证国家税收收入前提下，有效防范公路物流业税收风险，降低网络货运的税负水平和办税耗费，保障以网络货运为特征的我国公路物流体系顺畅运行，使有效市场和有为政府在公路物流领域相互融合，为提升我国经济体系国际竞争力发挥重要的战略作用。

二、网络货运的核心税收风险与税收征管信息模式及准据规则的演化

以上分析了网络货运格局下，我国公路物流业产业组织模式和由此产生的税收制度供给需求，而要做好税收制度供给，首先要明晰这一行业的核心税收风险及其表现的机理。由于营改增以后交通运输的名义税负较高，而前端的个体卡车运输又不能向物流公司传递运力采购的增值税抵扣税额，这样一些地方政府按照营改增的试点精神，给予公路物流企业增值税超税负返还财政扶持政策，由此形成了发票在税收结算时的抵扣价值高于获得发票所承担的税费水平，这样就产生了虚开发票的利益冲动。因此，公路物流业的真正税收风险不是不开发票，或在哪个环节开发票才合法的问题，而是通过运输业务造假、运价虚增套取地方财政政策扶持下的公路运输增值税发票，形成大量与实际经济运行相脱离的增值税抵扣凭据冲击增值税结算体系。面对这一核心风险，传统的税收征管信息模式通过发票来确认运输行为存在的真实性、价格的合理性，却遇到了发票本身虚假、难以自证的问题。显然传统的税收征管信息模式在应对公路物流业税收风险方面是无能为力的，甚至其赖以依存的税收结算准据规则反成了自身易受攻击的软肋、税收风险的导源地与放大器。面对我国公路物流业的核心税收风险，需要引入税收征管信息模式和准据规则的概念。

将税收征管进行进一步分解，它实质上包含两个方面即税收结算与税收监控（评价），也就是征与管。为什么这样说呢？因为税款征收本质上就是按照一定的税费规则帮助纳税人与国家进行税费结算，纳税人因缴纳了税款而解除

了其纳税义务，税务机关因纳税人完成了与国家之间的税款结算而履行了职责。但是，如何判断纳税人的税收结算符合税法规定呢？如何引导与保证纳税人遵守法律规定呢？这便要展开税收监控（评价）活动。由此产生了纳税人以什么方式举证自己的纳税行为，税务机关又接受什么举证形式认可纳税人的税收结算结果的问题，这就是税收征管信息模式，它反映着征纳沟通的有效性、便捷性，税收治理理念的开放性、包容性，税收征管体系的承载能力。税务机关可以引入最先进的信息技术和信息系统，但是如果不改进税收征管信息模式，则意味着先进的信息系统处理的还是传统的信息载体，其先进性只能表现在技术和设备层面，因此，税收征管的信息模式是税收治理现代化的核心因素。另外，税收征管讲到底就是通过征纳之间的信息传递而达到税收结算的目的，税收结算就是按照税收规则界定税费数额与入库时点。税收结算在征收主体即税务机关的一侧谓之税款征收，在缴纳主体的一侧谓之税款缴纳。这样看来，在征收与缴纳之间，纳税人除了向国库指定账户汇入款项，以此表明缴纳税款，还需要向税务机关进行纳税申报和留存账目凭据，以对自身的应税义务的履行状况进行举证。举证结果关乎缴纳数额即义务边界，如此看来举证能否成立、能否为税务机关接受、能否有足够的抗辩作用，则更为纳税人所关注。在举证与接受之间，这里存在一个信息传递方式和传递载体的问题，即税收征管准据规则。长期以来，由于税收征管活动对财务信息和会计核算规则依赖形成的思维定式，一直将发票等具有规定形式的纸质凭据视为税收征管活动中一种当然的准据载体，认为就某一涉税事实在征纳之间得以确认纳税义务边界的证据形态是一成不变的，因此税收征管信息模式一直被认为是不需讨论、当然存在的客观状况，成为处理和认知税收征管事务的当然背景，使其在面临变革需求时却不被感知。事实上并不应当如此看待和处理税收征管事务。承载和记录纳税人应税行为的信息载体与表现形式可以是多种多样的，可以是纸质记录，也可以是信息系统产生的数据集合；其渊源可以是类似习惯法的财务会计制度，也可以来源于税收法规和规范性文件的直接规定。准据规则既然是由税务机关主导的确定应税行为的信息载体与表现方式，纳税人对自身履行税收结算义务的举证只能以税务机关接受的形式进行，这样就包含了税务机关对征管信息模式选择与准据规则设定的问题。

由于在不同的征管信息模式下，纳税人对完成自身结算举证的难易程度和所要付出的费用水平和承担的举证不能、举证错漏的风险不同，与此相对应，税务机关所付出的征管成本也会有相当大的差异。这体现在，许多税收征管制度的先进性和税收治理活动的有效性都来源于税收征管信息模式选择的科学性与合理性，同样许多税收征管乱象也来源于税收征管信息模式选择与现实经济活动、社会交易习惯、纳税人遵从能力之间的冲突与背离，因此，税务机关设定与接受纳税人什么样的结算举证方式就成了征管制度中的核心问题，甚至是带有基因性特征的问题。因为纳税服务是在征管信息模式下展开的，单个的纳税人相对于税务征管体系来说显然是无能为力的，他只能而且必须选择遵从，因此选择与接受什么样的税收征管信息模式也是纳税服务的首要问题，这就要求税收机关要有充分的税收征管信息模式演化和准据规则完善的自觉。

以上简要讨论了税收征管信息模式和准据规则，从中可以看出从传统的税收征管信息模式引申出的一系列准据规则本身并不能够也不应当作为评价公路物流企业税法遵从的依据，必须改变税收征管信息模式，建立适应网络货运格局下公路物流业发展的税收征管信息模式和准据规则。新的准据规则不仅要能够有效证明道路货物运输的真实存在，其制度运行产生的费用还要能够为公路货运市场各类参与主体所接受，因为不能指望在静态条件下假设成立的征管信息模式和查清一张发票的制度设置及行政资源耗费，可以有效监控千百万张发票真假，保障紧张运营的众多道路货运参与主体能够为自身税收权益有效举证。事实上，许多看似天衣无缝的发票管理办法，由于需要高昂的制度运行耗费，并不能真正发挥税收风险防范作用，反而会催生出一些专业化的开票服务活动。可以看到，无车承运的成功试点和网络平台货运经营的发展，一些地方的税务机关改变公路物流业税收征管的准据模式，接受网络货运平台企业和其他道路货运参与主体以平台系统数据对自身货运应税行为进行举证，依托道路货物运输生产活动在网络信息平台投射产生的公路物流业整体数据，运用数据稽核软件平行于网络货运企业经营活动进行税收风险分析监控，并跟进开展纳税服务，取得了有效防范税收风险、保障国家税收收入、推进我国公路物流产业整体和网络货运平台企业规范健康发展的积极成效，成为现阶段推进平台经济发展、深化放管服改革、抵御经济下行压力的一个突出亮点。

三、关于公路物流业税收政策法规适用的一些讨论

回顾公路物流业营改增以来的税收制度变迁，尽管个体司机与网络货运企业、货主单位之间的税率差、道路货运各主体之间重复纳税、运输物耗抵扣不足、公路运输税收监控与纳税服务模式有待完善等一系列问题还没有完全解决，但是，无车承运作为交通运输应税行为已得到税收法规的明确认定，消除了对无车承运企业的增值税发票供票歧视和税率适用的不平等（注：在营改增试点的初期，一些地方将无车承运视同为“物流辅助服务”适用 6% 的增值税税率，将承担的公路运输服务理解成了中介服务行为，这里有对无车承运背景认识不清的问题，也有想借此减少货运增值税发票开具，防范税收风险。）；同时，税务机关和交通运输部门确认了卡车司机群体是实际承运人，关注到了他

们的经营特点，并探索出了各种基于网络数据环境的公路物流业税收监控方式和纳税服务办法，可以说，税务机关在推进我国公路物流业的持续健康发展方面已迈出了坚实的步伐。遵循以上对我国公路物流业产业组织模式、税收制度供给需求的观察和对税收征管信息模式、准据规则的讨论，就网络货运平台格局下我国公路物流业的税法适用提出以下观点，供大家参考。

（一）关于网络货运增值税征管和税法适用问题

网络货运讲到底就是运用网络信息平台和移动终端开展道路货运的社会化组织，以司机个人为实际承运人的无车承运模式，这是我国公路物流业税收征管面临的现实背景。从公路物流业产业链条看增值税的税法适用既需要关注税负，也需要关注各类主体的运行连接。

从公路物流产业链条看，个体货运司机被赋予了两个方面的税收义务：一个是纳税，如按照3%的征收率，比之于9%的增值税税率，可以推定个体司机货运服务的增值率是3%÷9%≈33%，现实中按照消费型增值税口径推算个体运输可以抵扣的物耗投入，即运输收入减去车辆折旧、油耗、轮胎、配件、过路过桥费、修理费、保险费等支出的余额作为应税增值额，显然个体司机的纳税可以认为是充分的。另一个是传递实际承运环节增值税抵扣税额的义务，这里也分为形式上的和实质上的，形式上是指将纸质专用发票或抵扣的电子数据传递给货运服务的接受方，而不论货运交易额中的抵扣比例是多少；实质上是指货运服务的购买方得到了普通税率计算的抵扣税额。

对于第一项义务，即便个体司机没有申报缴纳增值税，也会在物流公司环节因为欠缺这方面的抵扣税款而补缴上来，对于第二项传递抵扣税额的义务，由于现行税制个体司机货运服务增值税政策设置的是征收率和抵扣率相一致，这样即便在制度上和征管安排上解决了个体司机开具增值税专用发票和传递抵扣凭据（数据信息）的问题，也不能解决网络货运企业的抵扣不足和结算税负高的问题。面对这一问题有以下三个方面的解决途径。

一是将对个体司机货运服务的增值税征收率和下道环节货运服务购买单位的抵扣率相分离，即按3%征收按9%抵扣，类似于营改增前开3%抵7%的规定，这势必会诱发更多的开票需求，由于实际承运的数据链条短，司机个人货运经营流动性大、市场竞争激烈，司机个人难以承担办税的时间成本和办理费用，税务机关也需要投入更大力量进行税收监控，显然，征扣分离的方案缺乏可行性。

二是将个体司机实际承运物耗部分的抵扣税额传递到下一道环节，根据《国家税务总局公告2017年第30号》第二条“纳税人以承运人身份与托运人签订运输服务合同，收取运费并承担承运人责任，然后委托实际承运人完成全部或部分运输服务时，自行采购并交给实际承运人使用的成品油和支付的道路、桥、闸通行费，同时符合下列条件的，其进项税额准予从销项税额中抵扣：（一）成品油和道路、桥、闸通行费，应用于纳税人委托实际承运人完成的运输服务；（二）取得的增值税扣税凭证符合现行规定”的规定，实际承运人使用的成品油和支付的道路、桥、闸通行费对应的增值税税额可以传递给货运服务接受企业抵扣。这里值得注意的是，税法推定的是物流公司“自行采购并交给实际承运人使用的成品油和支付的道路、桥、闸通行费”，而实际上是个体司机用自己货运服务还回的成品油和通行费，因为个体司机与物流公司之间是在确定货运总价后，才获得油卡和自行选择货运路径的，物耗采购的风险和收益已经完全转移给了个体司机。这种因抵扣制度设置而扭曲的交易关系，推升了相关抵扣凭证和数据信息的价格，从实际情况看增加了司机油卡变现负担，产生了物流公司为获取通行费抵扣信息的额外费用，表现在物流公司和网络货运企业的税负减轻，但并没有有效减轻整个公路物流行业的运行负担。

三是给予网络货运企业（物流公司）继续实行营改增超税负返还的财政扶持政策，这是因为实际承运人是道路货运的主体，网络货运经营环节的增值比例有限，甚至低于增值税税率，这样在缺乏实际承运人抵扣传递解决方案的情况下，对网络货运企业给予超税负财政扶持有其内在合理性。应当注意到，随着交通运输增值税由地方税改成共享税后，地方政府对物流业的扶持能力大幅降低，高税负使这一行业陷入微利，也推升了社会物流成本，因此，在保障公路物流业国家总体税收收入，有效防范增值税结算税收风险的前提下，应减少环节设置、制度成本和运行摩擦，以促进我国公路物流业持续健康发展。

（二）关于网络货运企业所得税税收征管和税法适用问题

在网络货运格局下，公路物流企业（包括网络道路货运企业）的企业所得税征管和税法适用主要是企业所得税税前列支的准据规则问题，即企业所得税税前扣除成立的条件，从以下三个方面讨论。

第一，企业所得税税前扣除的成立只能基于实质判断。这就是《企业所得税法》第八条“企业实际发生的与取得收入有关的、合理的支出，包括成本、费用、税金、损失和其他支出，准予在计算应纳税所得额时扣除”所列示的，税前扣除成立的基本原则是真实性、相关性、合理性，而无论以何种凭据形式。值得注意的是，将《企业所得税法实施条例》第二十七条“企业所得税法第八条所称有关的支出，是指与取得收入直接相关的支出。企业所得税法第八条所称合理的支出，是指符合生产经营活动常规，应当计入当期损益或者有关资产成本的必要和正常的支出”与《企业所得税税前扣除凭证管理办法》（国家税务总局公告 2018 年第 28 号）第四条“税前扣除凭证在管理中遵循真实性、合法性、关联性原则。真实性是指税前扣除凭证反映的经济业务真实，且支出已经实际发生；合法性是指税前扣除凭证的形式、来源符合国家法律、法规等相关规定；关联性是指税前扣除凭证与其反映的支出相关联且有证明力”，这两条法规相比较显然将合理性置换成了合法性。这实际上是将凭证形式和来源植入了对企业税前扣除的要求，将纳税人实体权利上的行为合理性，转换成了凭据形式和来源上的合法性。这就要求对凭据形式和来源的合法性进行明确的解释和列举，或给予可操作的判定原则，即给予明确的准据规则以方便税法遵从和执行。

第二，由合理性置换为合法性，说明了企业所得税法在实施中的准据要求。如今习惯上认为的准据规则实际上是在传统的税收征管信息模式下设置的，包据交易发票和在一定范围的财务核算凭据才被认为是符合准据规则的税前抵扣凭证（也称要式凭据），之所以如此就是为了以要式凭据的方式来遏制企业在所得税核算与纳税申报上的凭证造假，虚增成本费用、减少应税所得额。但是，网络货运企业依托平台信息系统提供的举证数据集合，其证明力已完全超出了要式凭据的证明水平，即已经超过了传统税收征管信息模式下准据规则的要求。因此，如果企业对成本费用发生结果的举证完全可以满足真实性、关联性和合理性的要求，则不应当拘泥于企业是否取得了发票或一定要设置开具发票的环节。如果将税前扣除凭证仅局限于纳税人是否能够取得货物、劳务、服务提供方的发票，片面要求发票计税，在目前公路物流业的纳税服务条件不完善和纳税人交易的规模、空间、频率大幅提升的情况下，除了增加社会交易费用之外，还容易诱发围绕发票的偷税、骗税、虚开等违法行为，这说明以要式凭据为思路的税收征管制度设计，要向以交易行为的数据映射体系为基础的现代税收治理方式演进。

第三，对《企业所得税税前扣除凭证管理办法》中无发票税前扣除情形列举的理解。《企业所得税税前扣除凭证管理办法》第九条、第十条规定企业在境内发生的支出项目属于增值税应税项目的，对方为依法无须办理税务登记的单位或者从事小额零星经营业务的个人，其支出以税务机关代开的发票或者收款凭证及内部凭证作为税前扣除凭证。对这些不以发票作为扣除凭证情形的列举，体现了税法制定的求是精神。但在实际执行中却有两种理解方式：一是认为只有在符合列举的情形下，企业没取得发票才能以其他凭据在税前扣除；二是认为这只是面对普遍存在的现象，为方便确认税法适用而进行的一个以发票外其他凭据在税前扣除的税法列举，并不排斥还有其他形式的税前扣除凭据的存在；同时，这两条列举本身就承认了存在着企业无法取得发票或难以采用发票这一要式凭据作为扣除凭证的大量情形。显然，第二种理解方式更符合客观实际，也揭示了“形式合法性”在税收征管法律适用上的局限性。就网络货运企业而言，对个体运力采购的成本举证，在网络货运平台抽取以时间为序列的数据形成包括每次个体卡车货运的业务邀约与承诺、货物装卸时间与数量、车辆行驶轨迹、运费结算和银行支付等一系列交互发生的，多角度、多来源、多重契合且具有内在逻辑一致性的数据集合，并有外在于企业的交管、通信、银行等第三方独立数据相印证，以此举证网络货运企业的运力采购成本，实质上是现实空间的公路货物运输活动在数据空间的投射反映，其证明力已完全超出要式凭据的举证水平，即已经超过了传统税收征管信息模式下准据规则的要求。因此，此时再以纸质凭据为视角的准据规则讨论网络货运企业运力采购成本的举证问题，实际上是对税法适用的一种认知错位。

综上，网络货运是目前公路物流业先进的生产力组织方式，公路物流产业的税收制度供给要从培育有效市场和建设有为政府的战略高度，充分认识变革税收征管信息模式、完善税法适用准据规则的紧迫性和重要性，以求充分激发公路物流产业各环节和各类参与主体的经营活力，推进网络货运平台企业、物流公司和个体司机依法稳健经营，为建设有国际竞争力的中国特色社会主义现代经济体系作出积极的贡献。

（国家税务总局安徽省税务局资源环境税处二级调研员　刘新兴）

平台模式对货运行业新生态的影响

近年来，平台的作用在物流行业是非常明显的。在开启这个话题之前，先讨论一个大家耳熟能详、行业很普遍的现象，探讨一下这背后的逻辑，即物流费用占社会 GDP 比例。

持续多年，行业都喜欢用这个指标来说明中国比美国物流效率差。但是实际真是如此吗？相关数据显示，中国第三产业增加值在 GDP 中的占比刚刚过了 50%，美国在 80% 以上，但是中国物流费用占实物产出的 GDP 比例实际上是低于美国的。从这个数据结果来看，可以得出一个相反的结论：中国的物流效率实际上高于美国。同时，通过和生活在美国的同胞对话，也有这样的感受，就是中国的物流服务又快又便宜，而美国的物流费用比中国高好几倍。虽然这是来自 C 端的感受，但这种感受也能验证中国的物流效率其实是很高的。

可是这又和我们眼见的现实有差距。中国物流很多方面看起来好像都是乱糟糟的，科技应用、机械装备、运载设备，以及劳动保护、合同法律体系等都有些问题，跟美国好像根本不能比，这个差距我们要怎么来认知?

通过这些年的思考，笔者认为中国一定有自己的优势，只是传统学术和传统理论没有去识别这些优势，没有把它计算在内而已。这些年，通过在物流平台领域的摸索实践，笔者有如下想法，不一定对，希望大家批评指正。

一、平台概念

“平台”一词，在行业实际上已经被用烂了，大家都会说“我是做平台的，我做了一个平台”，但平台到底是什么意思，很少有人深究。

平台是在商业控制范围内提供交易规则的基础运营商。笔者认为，平台的核心是有一个可被遵循和认可的规则，只要它提供了一套规则，由他人来执行，这个就是平台，这个规则既可以包含政府的政策和法律条文，也可以包含市场上约定俗成的惯例。

平台可分为三类：内化平台、线下平台和线上平台。平台的概念及分类如

图 1 所示。

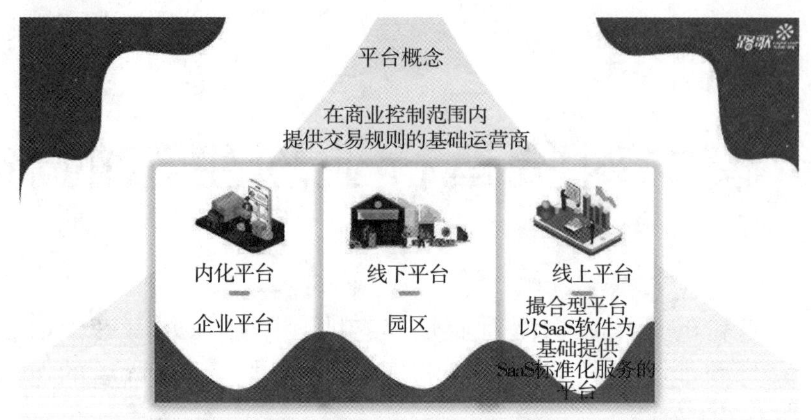

图 1　平台的概念及分类

第一，内化平台。一个企业内部的流动经营如果不是靠一个个审批流程这些人为操作来实现，而是制定了一整套体系制度和规则让其自动运转，就叫内化平台，它是在自己企业边界内做这件事。

第二，线下平台。传统有很多线下平台，例如市场上的“公买公卖、公平秤以及摊位的安排”，这样的交易方式，可以看作线下平台。其实我们可以看到很多这样的平台，这里面的买卖交易并没有要求审批，传统的物流园区其实也是归属于这样的线下平台。

第三，线上平台。这是中国数字化经济不可或缺的一部分，也是中国新经济增长点。中国现在有很多正大踏步走在世界前列的线上平台，例如 toC 的淘宝、滴滴，以及这几年物流行业里涌现的平台，如撮合型平台、以 SaaS 软件为基础提供标准化服务的平台等。

大家竞争的背后其实就是是否能提供一套行之有效的规则，让越来越多的经营者去执行，形成供应链。

二、卡车运力交易解构

从“路歌”从事货运这么多年来看，公路物流领域做的显然包含卡车运力交易，已有不同的平台在对它进行服务。现在，我们通过对卡车运力交易性质进行解构，来具体看一下平台所提供的规则体系以及它起到的作用。

1. 采购特征与市场规则的自然倾向

所有的采购特征都可分为 toC 和 toB。toC 形成的是消费者选择供给者的特征，例如我们去逛街或去淘宝买东西，其本质都是一样的，是消费者选择供给者。消费者为什么要这样做？显然，这种模式抵消了商品信息不透明带来的不平衡。因此，选择权必须赋予消费者去进行平衡。因为在这样一个采购特征和市场规则的自然倾向下，如果买卖之间的权利不均衡，就无法实现或形成一个能够推行的规则。

我们可以看见，toC 交易本质、市场规则能不能推行下去，是一个选择权的均衡，因此后来线上交易市场的核心就在于“匹配”。

但是，toB 这个行业不一样。toB 行业往往倾向的是形成供应链，最典型的就是汽车供应链，一般只要形成了，不管是多复杂的供应链，都可以运行几十年，因为供应链很少更换交易对象。这里面的均衡重点不在于通过选择权来进行买卖之间的权利抵扣，而是双方要保持稳定。其背后的原因在于这时候的买卖双方都是专家，即供给和采购都是专家，所以他们在专家权利上是通过供应链形成了一种均衡，然后双方共同去降低成本。这种交易方式，是供应链。

2. 卡车运力的交易人特征

卡车运力行业是 toC 特征还是 toB 特征？其实是一个两元结构。

当卡车司机到一个新区域，不太熟悉的时候，表现的可能是 toC 特征，传统上的很多园区执行的就是这样一个市场匹配规则。不过，卡车司机在业务发展过程中也会逐步变成专家，例如司机会和货主方达成一个固定的货物运输供应链式安排，这时候表现的就是 toB 特征。

三、物流平台

有一个现实状况，即我们的运力是过剩的。这种同时存在的两元结构会导致平台有不同的类型：一种是运力撮合平台，另一种是 SaaS 平台。

1. 运力撮合平台

撮合平台，它的交易假设是卡车司机要通过选择进入匹配状态，平台的核心是交易匹配。在这种方式下，市场上既有内化平台的实践，也有很多人正在做的线上平台实践。

这种平台在物流行业起到了什么作用？

我们发现，这几年有卡车司机在不停地投诉，甚至到国务院“互联网＋督查”平台投诉。卡车司机认为这种撮合型平台机制引发了过度竞争，侵犯了他们的利益。这种竞价和匹配过程超出线下小范围之后，竞争是极其激烈的，它没有底线，永远在往下试探，造就了市场更低运价的出现。

所以它对物流生态的影响一方面是一定程度上提高了效率，另一方面也导致了非常恶劣的影响，它营造了过度竞争的市场环境，使市场出现劣币驱逐良币的现象。

2. SaaS 平台

路歌实践的就是 SaaS 平台路径。SaaS 平台的交易假设是双方处于一个供应链中，也就是双方倾向于形成固定化协作关系。有了这个前提，平台就会有一个持续深化管理的过程，例如线上管理、支付管理、金融保险管控等，一直到最后完成财务对接。

平台作为经营者，一开始提供的是一个软件，但是通过十几年发展，我们面对的问题是从软件的工具价值到数字化物流平台的支撑价值，这种中间的巨大鸿沟如何迈过去，以达到平台支撑行业级别的供应链。

比较幸运的是，行业内有一个从无车承运到网络货运的政策演进，这个政策演进非常有力地支撑了路歌的进化过程，也就是说从软件到数字化物流服务的价值鸿沟，我们通过政策这只有形的手在引导生态的过程中成功跨过去了。这也是数字化行业的价值。

四、国际国内环境变化下的平台未来

在新的历史条件下，数字化面临着“大循环+双循环”这个新问题，这也是未来一段时间内中国各个行业都会面临的一个课题。以前，我们依赖国际大循环来安排自己产业生产要素流动的规律，但是着眼我国发展阶段、环境、条件变化，当国际大循环不太奏效的时候，我们要推动形成以国内大循环为主体、国内国际双循环相互促进的新发展格局。

这就有了一个急迫的要求：国内的产业环境变得无比重要。这意味着我们的运力市场也到了这样一个生态变迁的节点。这种环境的变化要求我们对物流生态进行治理，体现为三点：①劣币化市场的治理；②对基层劳动者的保护；③制度的实质化和有效性（见图2）。

这是完成双循环所必须要做的，我们不可能在强调质量、强调劳动者保护的新时代，还继续采用会引起过度竞争的市场机制，最后让劣币驱逐良币。

数字化平台的进化需要“制度、标准、技术、模式文化”这四点来保障。制度方面，我们已经有了从无车承运到网络货运变迁这样一个顶层设计；标准方面，现在有行业协会以及龙头企业在协助制定和完善；技术方面，整个数字化过程中技术起到了非常重要的作用，行业非常热门的是区块链技术，以及实体之间的互联技术，笔者最看重的技术是对数据的“保真”技术；模式文化方面，长期以来中国很多行业追求的是效率，是极端的价格，但未来各个模式所引发的文化都要适应新要求，要和新阶段相契合。

未来，线上平台肯定是物流生态的重要基础（见图3）。但是线上平台未必都是促进良性生态的，当下良性生态和劣性生态的博弈胜负未分，行业很多

图 2 “大循环 + 双循环”对物流生态的治理要求

时候还是处于劣性生态中，过度竞争引起了劣币驱除良币的现象，很多人都感觉生意不太好做。线上平台仅仅是一个模式，能否促进行业良性发展，需要靠上文所说的整个体系的努力。

努力的同时，我们要相信人性向善。黄奇帆在总结 C 端互联网的时候说过，在十几二十年的发展过程中，我们其实过度地张扬了人性中“恶”的部分，利用了“恶”的部分形成了互联网的一些模式，但是在产业互联网阶段，我们要脱离这种以发掘人性“恶”的部分来发展商业模式的方式，我们要相信人性向善。

图 3 平台发展的未来

中国货运行业已形成与美国经验完全不同的发展路径，但是我们有巨大的理论缺失，没有去总结概括这些独特的路径，也很少有人去研究。例如，中国的通达系、顺丰以及项目物流等方面，可能从美国所谓的现代管理制度来看是无法持续的，但在中国就得到了持续发展，而且规模做得很大，支撑了整个社会的发展。希望我们的物流能在理论层面把这个角度跟上，去解释我们中国自己的道路，企业也可以去提供佐证，否则我们无法解释“为什么我们效率高，但看上去又比美国落后很多”。因此，未来我们要创新前行。

我们要警惕资本短期逐利。在疫情背景下，目前似乎只有中国保持长期向好的资产形式，这也导致全球资本趋向于进入中国进行投机，这是需要警惕的，我们要关注行业人长期福祉。

（合肥维天运通信息科技股份有限公司　冯雷）

大宗商品数字供应链发展与应用

一、背景概述

（一）政策背景

1. 工业制造战略

近年来，云计算、大数据、物联网、人工智能等新一代信息技术的出现正在加速改变社会各行各业发展格局及模式，生产制造业也因此面临转型升级的重大战略机遇与挑战。从世界范围来看，各国在这种技术趋势的推动下先后制定了本国工业发展国家战略：美国于2012年推出了先进制造业国家战略计划，将ICT（信息通信技术）和制造业的基础研究与创新领先优势，转化为美国本土制造能力和产品；日本于2013年推出制造白皮书，并于2015年更新，确认日本制造业要积极发挥IT的作用，转型为利用大数据的“下一代”制造业；德国于2013年推出“工业4.0”战略，布局“智能工厂”“智能生产”和“智能流通”三大领域。

我国也于2015年推出《中国制造2025》战略，提出要推进信息化与工业化深度融合，推进生产过程智能化，培育新型生产方式，全面提升企业研发、生产、管理和服务的智能化水平，促进工业互联网、云计算、大数据在企业研发设计、生产制造、经营管理、销售服务等全流程和全产业链的综合集成应用。

2. 促进物流业与制造业融合

2020年8月，国家发展改革委等部门联合发布了《关于印发〈推动物流业制造业深度融合创新发展实施方案〉的通知》（发改经贸〔2020〕1315号），方案指出要统筹推动物流业降本增效提质和制造业转型升级，促进物流业、制造业协同联动和跨界融合，延伸产业链，稳定供应链，提升价值链，为实体经济高质量发展和现代化经济体系建设奠定坚实基础。方案同时明确，将大宗商品物流作为重点领域主攻方向之一。

3. 加快推进供应链数字化发展

2017年10月，《国务院办公厅关于积极推进供应链创新与应用的指导意见》（国办发〔2017〕84 号）提出，随着信息技术的发展，供应链已发展到与互联网、物联网深度融合的智慧供应链新阶段，意见同时给出我国为加快供应链创新与应用，促进产业组织方式、商业模式和政府治理方式创新，推进供给侧结构性改革可采取实施的一系列举措。2020 年 4 月，商务部等 8 部门联合发布《商务部等 8 部门关于进一步做好供应链创新与应用试点工作的通知》（商建函〔2020〕111 号），文件指出，针对供应链安全性和协同性方面存在的短板弱项，积极应对市场新需求、新业态、新模式加快发展下的新要求，要重点做好加强供应链安全建设、加快推进供应链数字化和智能化发展等方面工作。

（二）大宗商品供应链现状

1. 大宗商品供应链概述

大宗商品通常为基础原材料，被大量用于工业和农业生产与消费，包括能源商品、基础原材料和农副产品三大类别，细分类有原油、有色金属、钢铁、农产品、铁矿石、煤炭等。大宗商品作为社会经济运行发展的基本生产需用物资，是国民经济的支柱产业。

国家统计局年度统计数据，2019 年我国主要大宗商品产能如下：煤焦类约 40 亿吨，水泥 24 亿吨，钢铁类 20 亿吨，建材类 20 亿吨，矿石类 10 亿吨，农用化肥/饲料 3 亿吨，金属/合金类 2 亿吨。构成这些大宗商品全生命周期的活动既包括上游供应商服务、原材料供给，也包括中间环节排产协同制造、仓储运输，以及下游交付消费等，这些经济活动共同构成大宗商品供应链管理的主要内容，如供应链全程协同、渠道跟踪和规划、成本控制与风险管理、供货商及客户管理等。由于传统大宗商品产业链前端基础物资的供应链体系信息化水平远落后于后端电商、快递、快运等配给消费体系，因此，加快实现传统工业企业的信息化改造升级，将是影响全社会经济增长、降本增效的关键。

2. 大宗商品物流现状

大宗商品物流全程的运行效率和成本是影响大宗供应链整体成本和效率的关键，其货物交易和流转主要涉及调度组织、运输管控、货物交付、资金结算等关键环节。

从运输需求端来看，大宗物资运输资源丰富，运输需求强，运输体量大，线路跨度广；从运输供给端来看，我国公路货运由于长期存在经营权与所有权分离的难题，导致运输市场“小、散、乱”的分化格局，加之车辆的重资产属性，市场运力提供方以个体户为主，车辆分散且管理粗放。供需两端的现状造成大宗物流典型的信息不对称、非标准化流程管控与价格变动大等问题，一方面是大宗商品集团企业大体量、强需求的货源得不到高效、优质的运力匹配，另一方面是运输车辆无货可运、资产空置、高成本运营的困境。

此外，由于缺乏有力的货物及车辆监管手段，货物交付时效及品质保障的成本高昂，资金结算单据、票据纸质流转及信息孤岛同样影响结算效率，同时，由于大宗商品运输体量大，单笔交易结算资金规模大，对资金交易的效率、途径和安全性都有很高的要求，既需要配备适用的专业银行账户结算体系和现金管理产品来保障资金链大规模交易流转，还需要结合既有业务进行融资管理和交易风险管控。在上述因素的综合影响下，现阶段大宗商品物流结算账期长，中小运输公司面临较大的资金压力。

二、大宗商品数字供应链

以物联网、大数据、人工智能等为核心的新一代信息技术催生了数字经济新型业态，为传统供应链赋能转型提供技术载体与支撑。根据数字化供应链研究院的定义，数字化供应链是以客户为中心的平台模型，通过多渠道实时获取，并最大化利用数据，实现需求刺激、匹配、感知与管理，以增加企业效益，同时最大限度降低企业运营管理风险。

大宗商品供应链也需要拥抱新技术和新理念，借助互联网、大数据、物联网、云计算等技术，适应“互联网+”发展模式，改善行业供应链信息不对称、资源分散、效率低下、服务水平低等问题，整合全链路资源，实现大宗供应链由线下、单点的线性结构向线上、网状结构的网络化、智能化、数字化发展与转型升级。

（一）新业态构建

围绕能源供应链上下游流通的基础工业原料与产成品，构建覆盖交易、物流、金融等全业务场景的大宗商品数字供应链新业态，实现产业数字化与数字产业化，打造采销、物流、汽车后市场、信用和金融五大赋能体系，促进实体企业降本增效与转型升级。

1. 产业数字化

以共享式生态架构，构建能源供应链产业集群新业态，通过对供应链上、下游收发两端客户管理、交易集采、流程管控、交付管理、成本体系、结算支付、动产融资等环节，以及运输端运力购置、运输调度、装卸管理、全程监控进行线上化管理，实现传统能化产业数字化转型，推进供应链全链路资源共享、数据共享和效益共享。

2. 数字产业化

在基础设施建设完备的基础上，构建交易服务集群、智慧物流集群、汽车后市场金融集群等能源供应链产业集群新业态，实现产业数字化背景下的数字产业化转型，建立技术、数据、交易、财税、汽车后市场、金融等企业新型收益增长点，同时推进行业规范化、高效化、标准化运营。

（二）价值链构建

1. 流程管理——数字化供应网络

通过集成整合供应链采销、运输、存储、交付等环节，实现各环节进度可视、风险可控，构建辐射全国的专业化、数字化供应网络服务能力。通过合理规划管理供应链流程，提升供应链整体服务能力与效率，创造服务溢价。

2. 履约能力——智能化调度监管

履约能力涉及供应链上流通的商品交付及品质管控问题，是维系客户、拓展市场业务及企业品牌的关键。制约供应链履约能力的核心环节是物流，数字供应链通过智能化作业提升效率，借助互联网强大的资源整合及沉淀能力构建线上运力池，开展智能调度与节点监控，探索线上多式联运业务、数据交互模式，推进大宗商品运输结构调整，创造更高的商品流通价值。

3. 成本采集——精益化成本管控

供应链成本包括商品成本、流通成本、管理成本，数字供应链通过精细管控流程实现全程成本采集，改变传统供应链粗放管理模式，综合降低供应链显性、隐性成本，实现精益化成本管控。

4. 收益重构——多元化增值服务

基于数字供应链的综合生态，形成线上交易、智能运销、智慧物流、在线油品、车辆维修保养、保险、供应链金融保理等服务，重构集数字交易、数字交付、大数据中心、汽车后市场消费、供应链金融于一体的多元化增值服务平台，为供应链企业创造更高的经济效益。

（三）应用实践

近几十年来，我国制造业的迅速发展离不开基础的原材料与产成品流通体系，在工业经济规模不断扩增的今天，流通体系的复杂程度也对所有供应链上的企业提出了前所未有的挑战，除需要具备相应的供应链管理、物流和财务实力，各企业同时也要应对市场不断分化下行业激烈竞争所带来的规模扩张、利润收紧以及风险管控压力。

1. 煤炭供应链

能源化工业大宗商品产区集聚特征突出，要求供应链相关企业具备强大的属地化、专业化服务能力，满足行业高附加值客户企业各环节的精细化需求。此外，大宗商品供需匹配存在生产与消费上的空间分布不均衡，以及时效需求的不平衡，这就使原材料与产成品流通需要系统的流通规划管理，对应企业的实际业务是整个供应链体系采购、销售、运输的协同管理。

以煤炭为例，根据《煤炭工业发展“十三五”规划》，我国煤炭分布不均衡呈现出鲜明的由西北向东南的调出、调入路径，全国大型煤炭储配基地分布则以中东部区域为主。在全国煤炭、电力能源消费中，工业消耗占比分别为95%、69%，而煤炭的工业消费量中有约50%用作发电燃料，煤炭、电力的工业细分消费量中又以生产制造业为主。

因此，煤炭供应链作为我国经济运行的心脏，是支撑我国工业经济的支柱产业，专业、高效的煤炭供应链体系是保障全国各地工业企业生产、消费的基石。

2. “发运收”一体化管理

大宗商品供应链具有复杂的业务场景与数据环境需要，企业对数字供应链的需求也存在很大的差异：大型企业主要考虑通过供应链延伸业务链条、拓宽采购分销渠道、提高装卸运输能力、提升企业服务水平，中小企业则首先考虑降本增效与低成本服务转型，流通环节中的物流企业考虑拓宽货源渠道、物流服务横向扩张能力与企业进项合规管理。

针对上述供应链不同企业的业务场景需要，以及煤炭产区集中的特性，货达网络以西北区域煤炭主产区为业务出发点，以百万规模大宗商品产区运力集中整合支撑的数字化流通网络为核心，以软硬件智能运销系统为新型基础设施嵌入上下游收、发两端业务，建立了大宗商品“发运收”一体化服务体系，在解决大宗商品供应链全程多方共享、协同的工作难题的同时，缩小最小交割单元至车次，可实现敏捷式交割供应链网络服务，精益管控供应链企业成本，综合降本区间为5%～10%，提升供应链整体服务效率，仅调度组织、装卸管理效率可提升70%～90%，同时在综合生态圈服务方面增收4%～6%。大宗商品数字供应链体系如图1所示。

3. 标准化服务体系

（1）标准化数据。

通过大宗商品数字供应链，以电子化单据替代传统纸质单据票据流转，实现数据标准化处理、沉淀，并提供基于数据监管的全程风控体系与智能预测分析。

（2）标准化交付。

通过供应链全程可视，精准管控供应链不同环节进度，合理安排调整采购、销售、运输业务时间节点，实现货物流转线上、线下统一监管，完成货物标准化交付。

（3）标准化结算。

通过打通银行支付体系，并与税务、交通等监管体系，以及油品、ETC等汽车后市场结算体系对接，通过全程运输、油品、路桥、司机劳务等成本采

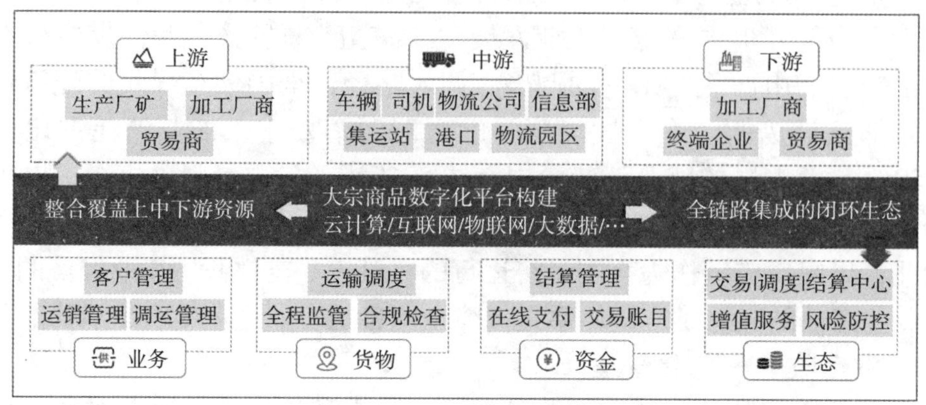

图 1　大宗商品数字供应链体系

资料来源：货达网络。

集，解决成本合规管理难题，实现运输结算标准化。

（4）标准化金融。

为有需求的融资方（中小微企业）提供标准化供应链金融服务，实现融资申请、授信审批、信用担保、贷款发放、汇款清账等全流程服务线上闭环监管。供应链风控体系、金融模式如图 2、图 3 所示。

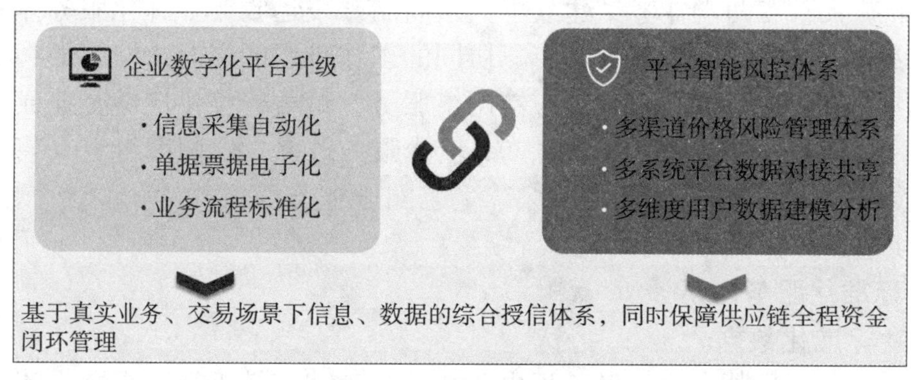

图 2　供应链风控体系

资料来源：货达网络。

三、未来发展趋势

（一）政策趋势

1. “十四五”现代物流发展规划

国家发展改革委正在牵头编制“十四五”现代物流发展规划，规划重点推进建设的八大体系。其中，“通道 + 枢纽 + 网络”的物流运行体系、安全可靠

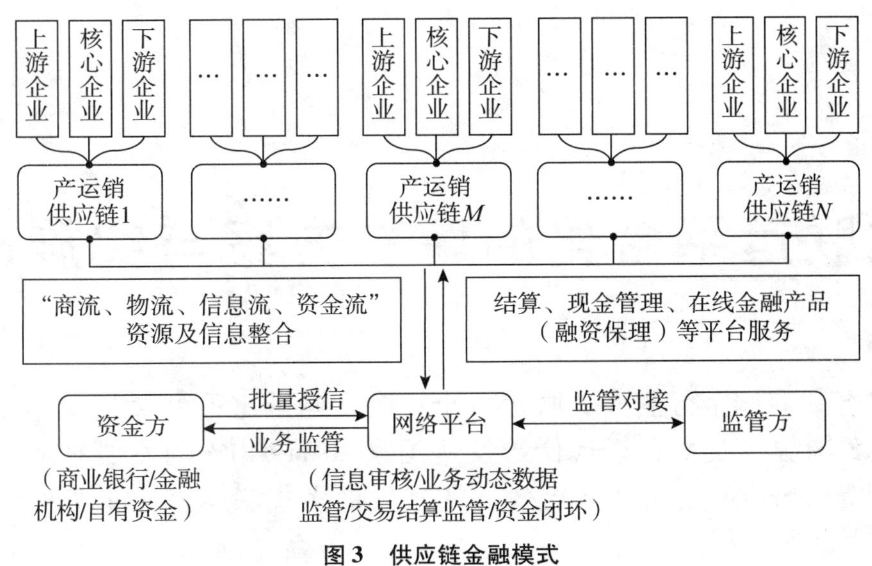

图3　供应链金融模式

资料来源：货达网络。

的现代供应链体系、集约高效的物流服务体系和创新赋能的物流经济体系将为数字供应链体系建设应用提供明确的政策支撑。

从国内经济大循环看，生产端也需要通过发展应用数字供应链进一步营造低成本、高效率的物流环境，促进物流业与制造业深度融合、创新发展，同时借助技术优化产业组织模式，增强区域优势和产业竞争力。

2. 供应链金融规范发展

2020年9月，中国人民银行等8部门发布《关于规范发展供应链金融、支持供应链产业链稳定循环和优化升级的意见》（下称《意见》），这是我国第一个关于供应链金融发展的框架性文件，意见首次明确了供应链金融的内涵和发展方向，同时重点强调要支持供应链产业链稳定升级和国家战略布局，坚持市场主体的专业优势、市场定位，加强协同配合，更好地服务中小微企业。未来，供应链金融的核心将是提高供应链产业链整体运行效率，降低供应链企业成本。

（二）行业趋势

从降本、提效、增收的本质需求出发，未来大宗商品供应链将广泛开展应用“高效、可视、低成本、定制化”的综合服务，同时随着区块链、无人驾驶等技术被广泛、成熟地进行市场化应用，未来的数字供应链将更加“先进、互联、智能”，同时供应链整体服务业态也将更加多元、复杂。

（西安货达网络科技有限公司　折大伟）

多式联运平台化的解决方案与实施路径

2018 年，我国全行业多式联运占全社会货运量比重为 4.1%。多年以来，这个指标没有显著提高，远远低于发达国家 20%～40% 的发展水平。这样一来，我们需要研究的是用什么有效方式来发展多式联运，才能实现年均增长 20% 以上的规划目标。

2020 年 3 月 4 日，中央明确提出要加快新型基础设施建设。其中智能交通作为两大融合基础设施之一，软硬一体化的物流平台是构建双循环新格局，培育具有国际竞争力的现代物流企业的重要抓手，是推动万物互联的重要载体。未来，平台在服务上下游产业中的引领和载体作用将日益凸显。同样，多式联运作为国家战略、交通强国建设的关键领域，平台化的进程也必将极大地促进信息互联、设施互通，提高物流组织化程度，实现要素自由流动。平台有可能成为破解多式联运困境的有效方法。本文就多式联运平台化的解决方案与发展路径进行系统的探讨。

一、多式联运的现状与痛点

多式联运已经上升到国家战略，但联运的比例远远低于欧美国家，在欧美通用并且高效的多式联运模式到中国则出现了橘逾淮为枳的现象，主要有以下四个方面原因。

一是总量偏低，整体结构不均衡。2019 年我国完成营业性货运量 462.24 亿吨，公路占比 74.3%，铁路占比 9.5%，水路占比 16.2%。铁路集装箱运量为 1766.7 万 TEU，占铁路货运总量的 12% 左右，低于发达国家 30%～40% 的发展水平。内贸集装箱化率刚突破 30%，远低于发达国家 70%～80% 的水平。可见，铁路的大骨干、环保优势还没有充分发挥出来。改变世界的集装箱在我国还有很大的发展空间。

二是条块分割，协同衔接效应差。线下的基础设施互联不到位，真正能够实现海铁联运直通的港口不到 1/3，“三个一公里”衔接不畅，“中梗阻”成为制约多式联运大通道发挥作用的瓶颈。线上来看，在不同行业、不同地区、不同企业之间“信息孤岛”“信息烟囱”林立，很多客户有需求，但目前没有一个平台可以提供多式联运准确的位置查询和精准的端到端报价。信息不共享成为长期制约我国多式联运发展的突出问题，亟须提高联运组织化、智能化水平，为促进实体经济发展创造更好条件。

三是组合创新不足，服务供给有待提升。多式联运难在多种利益格局的交织中进行多种方式的竞争。多式联运的比例持续多年徘徊在一个较低的水平，这就需要我们跳出运输、物流的角度来看联运，要从商业模式创新的角度来重构多种利益群体的交易结构，推动多种运输方式的协同发展。我们需要多种运输方式的深度融合，激发协同效应，针对不同产业链组织形态和产品服务范围、对象，实现差异性服务的多维度降本。按照系统、全局优化的思维，打通上下游，使全行业携起手来，推动多式联运的高质量快速发展。

四是各自发展，缺少成体系的共识。目前，各种运输方式、运输企业没有形成统一的价值观。我国的经济正在从高速增长转向高质量增长，运输也需要高质量发展，要放弃单打独斗，实现跨行业、企业边界的深度融合，站在提升综合国力的视角，来推动多式联运的高质量快速发展。减少分歧，促进共识，升维到平台、供应链的维度来思考联运，由不同运输方式的百米赛跑变成 4 × 400 的接力赛，形成人尽其才、物尽其用、货畅其流、开放共享的新生态。

二、平台化的解决方案

概括来说，目前我国多式联运存在“6 不痛点”，即设施联而不通、信息通而不流、低维竞争不合作、模式创新不足、先进技术不到位和技术标准不统一。那么怎么解决呢？习近平总书记在全面推动长江经济带发展座谈会上的讲话为我们指明了方向，就是要加强衔接协调，从综合交通运输体系全局出发，推动跨区域基础设施互联互通，统筹协调发展各种交通运输方式，构建统一开放有序的运输市场，优化调整运输结构，创新运输组织模式，全面提高资源利用效率，加快推动绿色低碳发展，降低运输成本，提高综合运输效率和效益。这就需要我们跳出各种运输方式的局限，一改就联运而联运的做法，升维思考，重新定义多式联运，加快推进平台化的进程，系统地提升多式联运的效能。

一是从供应链、产业链和价值链融合角度来看多式联运。在现代经济体系中，多式联运支撑供应链，连接产业链，带动形成产业集群。在“三链”融合的生态体系中，产业链是根基，供应链是主干，价值链是灵魂，多式联运是载体。

扩展产业链，离不开网络化和智能化的多式联运体系。所谓网络化就是在枢纽点上形成强聚集，所谓智能化就是利用现代互联网、大数据、云计算和物联网技术提高产品向外辐射的效率，降低辐射的成本。在互联网的环境下，多式联运将与制造业、金融、农业、商贸、信息、展销、电商等产业融合，最终发展成为产业复合业态，从而找到增量经济的突破口。

优化供应链，离不开多式联运企业和信息的共享。运用 ICT（信息通信技术），契合供应链特征，研发满足各类需求的信息系统，实现全程移动互联化，促进供应链高效运作。培育有供应链全局观的高素质多式联运经营人。推动多式联运经营人、运输企业和平台企业，形成新的供给组合。吸引新的跨界进入者和利益相关方，鼓励发展“多式联运 +”互联网和“互联网 +”多式联运新业态，鼓励基于多式联运、供应链的跨区域产业链分工和产业布局的联动，厚植多式联运需求土壤，借助开放的生态圈来提升多式联运发展水平。

提升价值链，离不开多式联运连接属性的发挥。培育具有国际竞争力的多式联运经营人，打通场景，在技术、管理、政策等多角度发力，充分发挥我国生产、消费双重规模优势，分析不同部门、区域之间的供需关系，把运行系统和政府、市场的资源配置联系起来，为构建双循环新格局提供有力支撑。从横向、纵向和空间三个维度，通过价值链的挤压、集中、补强、重组，来实现产品和服务质量的提升和价值的创新，最终导致生态内“点、线、面、体”状企业的进化和共生。

我们需要从“三链”的高度对多式联运进行全局设计，借助大数据和互联网技术，为用户和成员企业提供即插即用的单元化、模块化服务，实现全链条上的关键优势资源协同发展，从而创造一种动态平衡的商业发展生态，让所有参与者共享生态圈机会与成果。通过培育平台经济、枢纽经济、通道经济，提升价值形成和价值创造的能力，优化存量，吸引增量，形成基于产业链关系的区域联动的产业发展新格局。基于三链融合视角的多式联运框架如图 1 所示。

推动多式联运高质量快速发展，必须着眼质量变革、效率变革、动力变革，在破解问题中找准路径方向。现代化经济体系建设的支撑是现代产业体系，现代产业体系的形成要依靠发达的运输体系来实现专业化分工、规模化生产和世界范围内的经贸往来，而多式联运体系要依赖于实体经济、科技创新、现代金融和人力资源的四个协同，一定要在产业链层面上进行有机的，有价值的，有比较优势的，有可持续发展能力的结合。

二是从商业模式、管理模式和盈利模式协同角度定义多式联运。在多式联运整个体系中，“三重”模式，即商业模式、管理模式、盈利模式，始终处于核心和主导地位。商业模式决定生态的发展方向和内涵，管理模式主导生态的效率与公平，盈利模式奠定利益相关方的生存和抗风险能力。多式联运的生态能否实现持续良性发展，从根本上取决于“三重”模式的创新与重构。

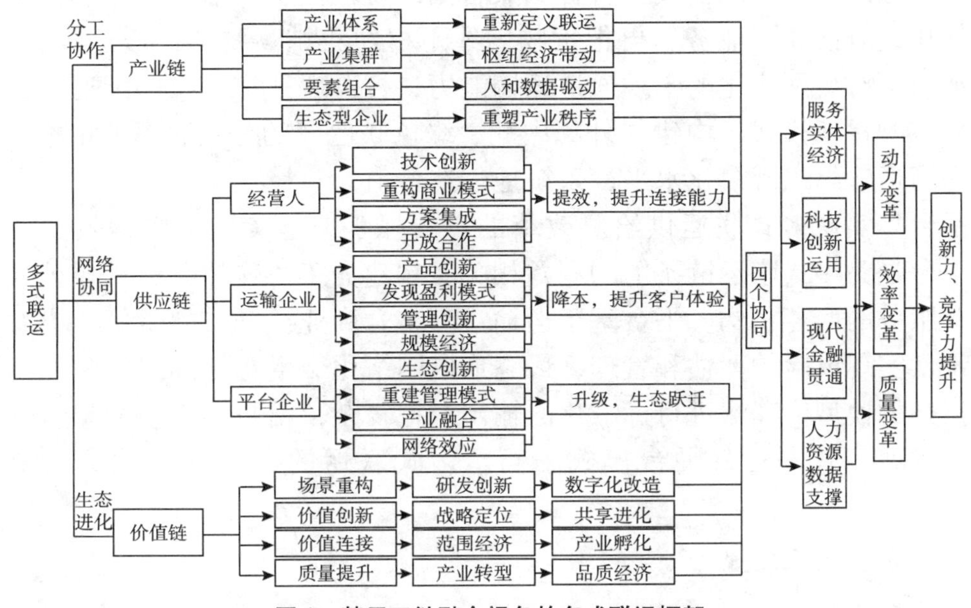

图1　基于三链融合视角的多式联运框架

多年来，基于多式联运的定义没有实现行业突破性发展，这就需要我们跳出联运看联运，形成新的认识，达成新的共识。首先，高在“多”。多式联运本身是高质量的运输产品，提供经过组合、优化后更多的产品选择，是先进的生产组织方式和服务方式，对于优化物流资源配置和空间布局具有引领作用。其次，成在“式”。确立发展多式联运是符合国际潮流和我国经济产业转型要求的先进的生产组织方式，需要商业模式顶层设计，连接各方利益群体形成稳定的交易结构，达成共识，这样才能实现供需联动匹配。再次，贵在“联”。通过基础设施和信息的互联互通，实现企业之间的“联利”“联心”。最后，重在“运”。国际多式联运是促进世界贸易有秩序扩展的途径之一，双循环的发展格局更需要平稳、经济、高效、利益均衡的多式联运服务。运输的本质在于通过规模化、网络化、智能化来实现商品的空间效用，过程中实现商品的增值，在这个过程中应当充分发挥铁路运输的比较优势，鼓励数据等新要素和运输场景形成新的组合，孵化新的多式联运人，实现联运企业新的组合和跨界联合。

三是构建综合服务平台，为多式联运提效。进入后工业化阶段，小批量、多频次、高价值运输需求快速增长，运输由追求数量变为强调质量，信息数据的作用举足轻重。集装箱多式联运系统的生产能力和效率效益，在很大限度上取决于信息的获取、处理和利用。数字化驱动的多式联运时代已经到来，这是一股浩浩荡荡的发展趋势，不可阻挡。

平台是数字化的新基建，是不可或缺的战略资源。平台通过互联网，把分散、碎片化的订单资源在线上整合到具备网络规模的临界点，在此基础上进行网络优化，对接线下业务，再把货物向线下枢纽集结。要加快联运枢纽建设，通过枢纽来对接网络化的干线通道运输能力，打造“轨道 + 仓储配送”的铁路城市物流配送新模式，构建“外集内配、绿色联运”的公铁联运城市配送新体系，提高运输组织规模化水平，系统地创造价值。

平台是实现多式联运供给侧改革的重要抓手，是实现降本增效的重要载体。平台是为多式联运链条上的利益相关者构建分工协作体系，提供公共管理和公共服务的商业机构。平台基于运输过程整合商业活动，提供解决方案和操作系统，实现风险的评估和管理，最终形成网络化、生态化的组织系统。平台利用复杂的模型、算法进行标准化的输出，把复杂留给自己，把简单方便留给用户。发展多式联运，平台模式先行。多式联运的平台化解决方案如图 2 所示。

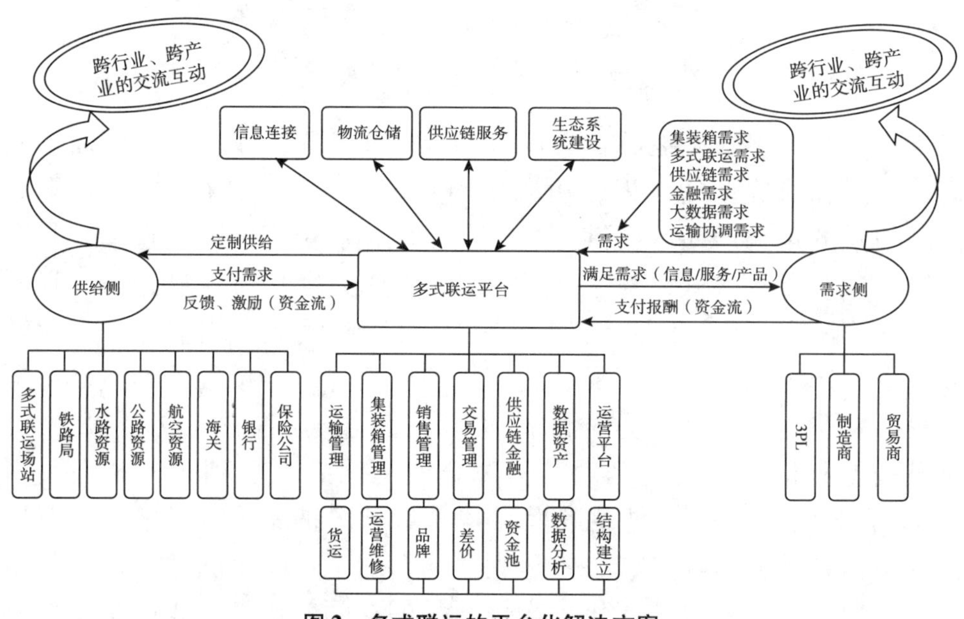

图 2　多式联运的平台化解决方案

在顺应数字化、平台化趋势的基础上，我们给出如下解决方案。

第一，以铁路为主导的多式联运发展体系。无论是欧美（包括俄罗斯在内）还是中国，铁路的演进伴随经济的腾飞。从运输经济学角度看，铁路运输存在明显的规模经济特征。充分发挥中国铁路网规模和质量达到世界领先、铁路技术装备和创新能力达到世界领先、铁路运输安全和经营管理水平达到世界领先这三个世界领先的优势，围绕供给侧结构性改革，强化资源整合，创新组织方式，融合联动发展，构建一体化、网络化、标准化、信息化的集装箱铁路多式联运系统，围绕国家物流枢纽发展临铁经济、高铁经济，培育多式联运生态圈。

第二，以数据为驱动的互联互通的新生态。我们讲创新，就是要找到新的要素和新的生产条件，形成新的组合。数据就是一个新的生产要素，数字经济就是新经济。在数字化过程中需要以市场化、产品化为驱动，基于互联网系统实现资源的配置与优化，基于物联网系统提供服务与全过程透明管理，借助数据驱动创造反馈回路，重构质量管控体系。一是通过智能化的装备和感知系统，实现多元数据的收集、集成。二是通过数据的筛选和清洗，建立数学模型，对多式联运场景进行描述、诊断、预测、决策，进而实现物理空间和数字空间的交互映射，建立数据驱动模型，实现智能决策。最终还要回归本质，就是要降本增效。通过软件定义平台化的服务，实现全环节的功能应用，为全链条参与主体提供全方位的物流业务协同和多系统多环节的信息共享、交互，实现精益管理和操作环节的智能化，建立多式联运的数字孪生系统，打造智慧联运数字化转型示范。

第三，创新发展“多式联运 +”新范式。“多式联运 +”是以多式联运为基础，创新运输过程管理，实现各环节、企业和产业之间的高效连接，降低流通成本，提升实体经济运行效率，推动商品增值、生产方式创新、组织变革和生态发展，形成以多式联运为基础设施和关键要素的跨界融合新业态、新模式、新产业。

多式联运是符合国际潮流和我国经济、产业转型要求的先进的生产组织方式，是高效、多模式、先进的服务模式。把多式联运跟相关行业、要素、场景串在一起提供高质量服务，即绿色物流、智能平台和开放生态，就有可能推动所有的运输方式形成物理性、技术性、信息化的互联。建立多形式利益关联机制，以制度、技术和商业模式创新为动力，推进供给侧结构性改革。推动实现“六个一”工程，即基础设施的一张网、运营管理的一体化、信息交换的一朵云、客户服务的一单制、标准规范的一根绳，市场监管的一道令。推动“多式联运 +”交易、金融、信息、人才、文化、大数据、供应链，着力构建多式联运与产业交叉融合的现代产业体系，分享价值，创造“多式联运 +”生态系统，最终实现从运输经济到平台经济、枢纽经济和共享经济的转型升级。

三、多式联运平台化的成功要素和实现路径

平台化是一场席卷全球的商业模式革命，它击败产品，吞噬传统管道，颠覆公司传统的组织结构，除企业和市场之外，又提供了第三种资源配置方式，是创新的基础设施，开发了价值创造的新来源。

多式联运平台化的过程是一个主动求新、求变的过程，是一个创新的过

程，要创立一个符合当前时代要求的新模式。遵循创新、协调、绿色、开放、共享的发展理念，实现从低附加值向高附加值升级、从高耗能转向低耗能、从粗放型向集约型升级，组织方式由交易竞争关系向协作共创伙伴关系转变，经营理念由被动服务向主动引领转变，资源配置方式由过去单一企业资源向整个生态转变，说到底是物流的供给侧改革。

多式联运平台化的过程是一个谋篇布局、明道、优术和笃行的过程，即立足产业链，聚焦价值链优势环节，依托现代供应链提升多边协同性和黏性，明确平台的定位，顺应时代发展趋势，以“平台+通道+枢纽+网络”为载体，实现要素的分分合合，凝聚共识，优化存量，吸引增量，构建平台结构体系，通过模式创新，打造共赢高效的生态圈。平台化的成功要素如图3所示。

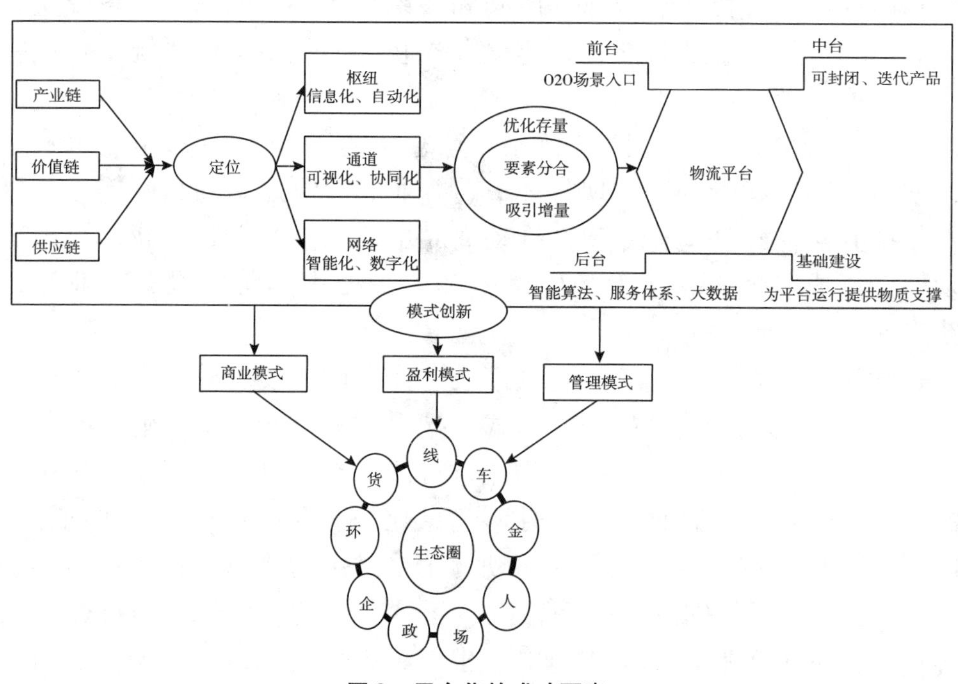

图3　平台化的成功要素

1. 明确平台定位，提出价值主张

每个物流平台都是基于价值链、生态圈确定一个定位点，构建软件和硬件一体化结构，连接两边或者多边市场，激发同边和跨边网络效应，培育社群经济、体验经济和平台经济。

多式联运平台从属性上可以分为专业型、综合型和公共平台；从类别上分为信息、交易、业务操作、方案和社群型；从区域上分为区域、国内和国际。专业型如中国铁路95306网，公共平台如四川省物流平台，区域平台如重庆智慧物流平台，全国性平台如中储智运，国际性平台如运去哪。

重在提升多式联运链条上成员企业的认知，促进达成广泛的共识，形成多式联运服务价值观，即对员工有爱、顾客有诚、对手有激励、供应商有利润、股东有回报、社会有贡献，以认知共同体为基础，针对特定圈层形成的效率变革和信用建设，采取项目整合、业务联合、资本结合、文化融合、化合反应的策略，吸引合作伙伴，分享价值，创建供应链生态系统，实现多式联运事业繁荣发展。

2. 奇正相生，选择平台化的实现路径

多式联运平台化的过程，就是对运输价值链进行四则运算的过程。第一，做减法、聚核，减去中间环节，形成平台的核心竞争力，具体包括五力，即系统创新力、需求捕捉力、品牌营销力、流量集疏力、资源整合力。第二，做加法，发展平台的两边、多边，建设平台运行体系——云、网、端。第三，做乘法，实现互联互通，放大平台效应，实现多平台互动，形成平台生态圈。第四，做除法，除黑洞、去边界，去中心，建立诚信体系、可视化和调节机制，提高全要素生产率。

平台化的实现路径有以下五个方面。

一是从物流要素上实现平台化。供应链的“五流”，信息流、资金流、物流、商流、知识流；运输体系“五要素”，信息技术、业务流程、基础设施、物流装备、物流方案；“五类业务活动”，交易、管理、操作、营销、增值；平台五层架构，物流设施、物流装备、商业模式、管理模式、盈利模式；不同组合方式构成了不同的物流平台定位和发展路径。

二是从管理模式变革上实现平台化。企业管理靠制度，平台运行讲机制。机制核心是驱动资源配置，对内形成先进的管理模式，对外构建民主、透明的生态体系。随着客户需求日益复杂多变，对企业前端组织的响应速度和组织能力提出了新要求，对灵活应变的“小前端”“强后台”提出了挑战。海尔日日顺从管理模式变革入手，提出“海尔转型，人人都是CEO”的经营哲学，推行“人单合一”的运营模式，减少组织管理层级，建立“倒三角”自主经营体的组织体系。以企业平台化、方案定制化、服务场景化为切入点，为用户提供全程最佳服务体验。在战略、组织、员工、用户、薪酬和管理六个面进行了颠覆性探索，打造出一个动态循环体系，加速推进平台模式落地。

三是从商业模式变革上实现平台化。彼得·德鲁克指出：“当今企业之间的竞争，不是产品之间的竞争，而是商业模式之间的竞争。”通过搭建开放平台推进商业模式重构，打破企业边界，搭建协同化价值网络，重新定义和赋能客户、业务、组织和产业，具有积极的社会网络效应和范围经济价值。

中国外运以商业成功推动时代进步为核心价值观，以“智慧物流的引领者，供应链物流生态圈的构建者，中国物流产业的推动者”三大使命为驱动，确立了以“打造世界一流智慧物流平台企业”为发展愿景，实施了“一三五”战略，以全面数字化转型为基础开启了运营模式、商业模式和组织模式的全面重构，走上了“物流提供商—物流整合商—物流平台商”的创新变革之路。

四是从盈利模式创新上实现平台化。随着物流产业转型升级，物流正在从一个为制造业和商贸业提供服务的跟随角色，逐步走到前台，发展成为聚集产业发展的引领力量。随之而来，物流的定义、企业分类和盈利模式都需要重新审视。物流的收入也必将由原来的服务收入，转向过程的增值收入和生态收入，这种盈利模式不但可持续，而且不断进化繁衍出新的“物种”。

成功的平台必将发展出丰富的生态，平台的利润定将蕴含在庞大的生态价值当中。目前我们看到盈利的也只是冰山一角。富者必用奇胜，平台企业要善于发挥天时、地利优势，实现专业化经营、多元化盈利，达到以存量引增量、以增量带动增利的效果。

五是从业务结构上实现平台化。不管曾经多么辉煌的业务，都迟早会丧失成长空间。面对这一客观现实，我们都不得不周期性地进行业务重塑、不断地进行业务创新。这种自我延续的能力，也就是从业务成熟的阶段跳跃到下一个发展阶段的能力，正是区分卓越绩效企业与“昙花一现”类企业的关键。

平台的体系结构基本上是相同的，即系统被划分成一组具有少数变体的“核心”组成部分和一组与之互补的具有多个变体的“周边”组成部分。我们所要解决的是要在两者之间建立协同关系和接口，管辖不同部件之间交互的规则和不同时段的开放度。

根据平台新业务与原有运输业务之间的关系，转型的结构分为 Y 型、H 型、L 型。Y 型结构下，平台业务与既有运输业务共用服务网络，共享数据中心，新平台是对原有业务的系统式创新，开发出新产品、新业务、新供给、新用户、新渠道、新质控，实现既有资源的新利用。H 型结构下，平台业务与原有运输业务面对共同客户资源，为客户提供物流服务和平台新服务，提升客户的体验和黏性。L 型结构下，对原有业务实行颠覆式变革，将原有运输业务全部转型为平台业务，对社会开放，通过将产业链上下游广泛进行数字化连接，丰富利益相关方的场景体验和价值创造，制定行业规则和市场体系，实现整个产业的良性互动和转型升级。

平台更多的是一种思想，其本质是交易和连接。从表现上看，它可以是一个系统，O2O，也可以是跨系统的集合，还可以是某个系统中的一个小模块，甚至只是一种业务形态、行业规则、商业模式，只要能够快速地建立连接和协作体系，都可以称为平台化。平台化有途径，没有捷径。不是目的，而是一场进化。哪些运输企业能成功转型，建立开放的平台，势必博得先机，成功跨越“S 曲线”，同时必将激发出行业新的活力，面向未来打造更加开放、共享的新生态。

（铁龙物流　李长宏　大连海事大学　景睿思）

参考文献

[1] 陈威如，余卓轩．平台战略：正在席卷全球的商业模式革命［M］．北京：中信出版社，2013.

[2] 汪鸣．物流产业发展规划理论与实践［M］．北京：人民交通出版社股份有限公司，2014.

[3] 王薇，何小明．发展海铁联运，拓展港口腹地［J］．水运工程，2006（12）．

“后疫情时代”物流平台发展路径探讨

新冠肺炎疫情对我国及世界经济造成了巨大负面影响，目前新冠肺炎疫情在国内已基本得到控制，但在境外一些国家和地区仍呈蔓延态势。随着我国进入疫情防控常态化阶段，以及国际疫情防控的不确定性增加和形势日趋复杂，从新冠肺炎疫情表现的危害性看，疫情的全球蔓延以致进一步恶化将造成严重的经济冲击和社会影响。世界经济发展进入艰难的后疫情时代，我国如何发挥率先控制住疫情和复工复产全面开局的发展优势，尤其是“保产业链供应链稳定”，既需要战略上的大智慧，更需要抓住机遇，发挥物流平台在“保产业链供应链稳定”中的独特作用。

在新冠肺炎疫情之前，很多企业对产业互联网等数字技术的应用一直缺乏足够的动力，从整体上看，我国经济的数字化，很大程度上集中在营销领域。疫情暴发后，很多企业开始尝试着使用各类线上办公等新模式，并实现了线上开工，这使企业尝到了数字化的甜头。调查显示，数字化程度高的企业能够将此次疫情的负面冲击降到最低。从生产方面来看，过去在数字化设备采购及应用方面投资较为积极，而企业内部管理数字化、供应链数字化协同等方面投入不足。新冠肺炎疫情期间，企业在这些方面的应用大大增加，对生产设备和工艺流程进行数字化、网络化、智能化改造，加大工业机器人的投入力度，这将推动企业向更深度的数字化转型，采取更加智能化的生产方式，既减少生产对人工的依赖，又提高生产的柔性化程度，可以更适应需求变化、更低成本地调整产能。以数据驱动价值链，其核心是基于数据协同的价值链分割与整合，在具体方案方面，包括制造过程数据化，即通过工业大数据的方式，预测生产过程，通过大数据不但可以预测并减少生产过程的故障，通过生产过程的数据化与智能化，还可以实现按需生产。制造过程智能化，引进机器人、智能控制技术、互联网技术等，实现从自动化工厂到智能化工厂的转型。制造过程一体化，依托移动互联网终端等智能设备实现产供销一体化整合。将企业的创新活动、供应链、营销链等数据全面整合到产业互联网平台中，从而使企业实现由数据驱动价值链。

在新冠肺炎疫情暴发之后，产业互联网应用较多、水平较高的企业，在疫情之中表现出了明显的灵活性与更好的适应性，这使不少企业认识到拥抱产业互联网的价值。可以预计，在“后疫情时代”，产业互联网应用将获得更快的发展，从而为高质量发展持续提供助力。

产业互联网作为新一代信息技术与制造业深度融合的产物，通过对人、机、物的全面互联，构建起全要素、全产业链、全价值链全面连接的新型生产制造和服务体系，是数字化转型的实现途径，是实现新旧动能转换的关键力量。为抢抓新一轮科技革命和产业变革的重大历史机遇，我国政府一直大力支持产业互联网的发展。从国家政策来看，加大产业互联网的应用也是国家支持的一个重要方向。2017 年 11 月国务院发布了《国务院关于深化“互联网 + 先进制造业”发展工业互联网的指导意见》，对产业互联网的发展应用提出了战略规划。2020 年 3 月，工业和信息化部办公厅发布了《工业和信息化部办公厅关于推动工业互联网加快发展的通知》，提出了 20 项具体措施，推动产业互联网加快应用。2020 年 4 月，国家发展改革委与中央网信办发布了《关于推进“上云用数赋智”行动 培育新经济发展实施方案》，首次提出“构建多层联动的产业互联网平台”，将为产业互联网建立起在不同规模企业应用的基础架构，对小微企业应用产业互联网将起到推动作用。这说明产业互联网应用的政策体系已基本完善。

在我国由制造业大国向强国迈进的过程中，制造业依然是国民经济的主体，是立国之本、兴国之器、强国之基。习近平总书记指出，要加快构建完整的内需体系，着力打通生产、分配、流通、消费各个环节，逐步形成以国内大循环为主体、国内国际双循环相互促进的新发展格局，培育新形势下我国参与国际合作和竞争新优势。习近平总书记这一论述不是简单地针对疫情下“保产业链供应链稳定”的权宜之计，而是我国经济迈向高质量发展的强国方略。现代物流连接生产、流通和消费，不仅对制造业、商贸流通业和物流业自身的模式创新，以及降本增效具有重要的引领作用，而且积极应用互联网、移动互联、大数据、云计算、物联网、区块链、人工智能、5G 等技术的智慧物流，会更加快产业链和供应链的高质量稳定发展与变革。以智慧物流发展为抓手，积极推进制造业和智慧物流融合发展，促进商贸业与智慧物流联动创新发展，加快物流业各个环节的有机衔接，打造高效能产业生态圈是“后疫情时代”发展的必然要求。

面对新冠肺炎疫情的巨大挑战，依托我国强大国内市场和超级经济规模，智慧物流有效契合了互联网制造全过程高效、精准的服务需求，将推进制造业与智慧物流的深度联动与融合发展，形成连接生产和消费的一体化智慧化解决方案，实现制造业布局、生产组织、产品服务的模式变革，能够精准控制各个环节的成本、实现企业增效。制造业具备面向国内、国际消费的终端服务能力，智慧物流对构建大循环无疑具有重要的先导性作用。在技术层面加快推进物流自动化和信息技术的融合，形成落地技术、解决方案和产品，推动制造生产工艺流程智能化。在服务层面鼓励物流和供应链企业面向制造业提供物流大数据、云计算产品和服务，增强制造业的市场需求捕捉、需求响应和敏捷调整能力，为制造业提供产前、产中、产后物流综合解决方案，推动制造业向智能制造发展与升级。在平台层面借助大数据、云计算、物联网、人工智能等核心技术，夯实智慧物流服务的技术基础，推进智慧物流与制造业数据连接和信息互联互通，形成协同发展新模式。

智慧物流高质量发展是与制造业融合、与商贸业联动的重要基础，应加快智慧物流质量、效率和动力变革的进程。因此，智慧物流发展的重要方向和任务是智慧化物流网络的建设，以及智慧物流节点的功能提升与布局。一是从降低全社会运输与物流成本出发，加快调整运输服务和组织结构；二是完善多式联运标准化体系和利益共享机制，强化多式联运基础设施和服务运行组织衔接；三是充分利用 RFID、物联网等先进信息技术，建立智能转运系统，不断提高运输方式间换装转运的数字化、智能化和自动化水平；四是搭建运输组织服务大数据共享信息平台，加强铁路、公路、水运、空运等多种运输方式之间的信息互联互通和公开共享。另外，依托运输服务组织创新加快物流基础设施升级显得尤为重要，积极推动新型物流基础设施建设，应用自动驾驶、无人仓等技术，布局建设新型物流基础设施，高起点打造信息互联互通、资源有效利用、运行协同的物流新基础设施网络。加快推动传统基础设施智能化改造，以网络化物流服务为抓手，有效嵌入应用 5G、人工智能、工业互联网、物联网技术，提高物流基础设施的利用效率和要素聚集功能。加快建设国家规划确定的国家物流枢纽、示范物流园区、智慧型物流园区、物流物联网络、农村物流、冷链物流等重点物流基础设施，强化与升级运输服务对接，打造高效物流运作网络。加快推进物流企业业务流程的数字化改造，提高物流企业之间、物流各个运作环节之间的智能化衔接水平，提高物流运作效率，降低物流运作成本。提高仓储环节的智能化水平，通过智能化技术赋能，为实现物流节点管理与服务的数字化奠定坚实基础。

随着社会经济的不断发展，市场的商业竞争也日益激烈，商业竞争的方式已经从公司的竞争，转向了供应链之间的竞争。企业的商业成功也受到供应链管理水平和效率的重要影响。

传统的制造业供应链各环节面临的一个重要困境即信息不对称，随着近几年平台类企业的不断兴起，过去简单的信息不对称时代已经渐渐远去。但是，一个新的问题浮出水面，供应链环节繁杂，分散的信息系统难以支撑产业协同发展，如何能实现全链路的信息化、数字化、智能化成为重中之重。

为贯彻落实《国务院关于深化“互联网+先进制造业”发展工业互联网的指导意见》，推进“中国制造2025”和“互联网+”，德邻陆港智慧供应链服务平台的建设以供应链为框架，实践“互联网+”的理念，有效改善传统模式中的不足，实现供应链全链路的信息化、可视化、数字化、智能化。融入社交、移动、大数据、云计算，运用现代计算机信息技术，结合智能硬件设备和物联网设备，通过各子平台之间的无缝对接，对传统供应链各环节进行全面信息化改造，平台提供精细化增值服务（如采购服务、销售服务、产品研发、仓储服务、钢材加工、物流配送、大数据分析展示及产业特色服务等）。在降低运营成本的同时提高了市场响应效率，提高了客户满意度，实现了为企业及其供应链伙伴创造经济效益，同时取得了良好的社会效益。

德邻陆港智慧供应链服务平台极力打造行业新业态、创新线上平台运营模式，以多样化的交易模式、严格的风险管控、超强的资源整合及快速的市场反应来驱动产业供应链变革、提升效率，实现企业转型升级。通过平台现有十大服务产品的整合和各子平台系统之间的无缝对接，将原有的线下业务在线上形成完整的闭环。平台支持多种交易模式（销售方面包括单卷竞价、打包竞价、延时竞价；物流方面包括竞价、抢单、定向、撮合），既增加了企业的销售金额又大大缩短了招标流程。在风险管控方面，平台加强会员的加入审核，从源头降低风险，通过线上风控模型建设及线下运营管理条例实施降低运营风险。在资源整合方面，基于其所辖和加盟的物流园区天然的物流资源集聚优势，可充分发挥园区内三方物流企业及庞大个体司机群体的资源整合能力。另外，德邻陆港智慧供应链服务平台具有自主知识产权，具备复制成本低、可快速应用等优势，可配合公司线下业务在目标市场迅速开拓。

德邻陆港通过引入“微服务”架构进行平台搭建，这是一种使用一套小服务来开发单个应用的方式途径，每个服务运行在自己的进程中，并使用轻量级机制通信，通常是HTTP/HTTPS API，这些服务基于业务能力构建，并能够通过自动化部署机制来独立部署，这些服务使用不同的编程语言以及不同数据存储技术，并保持最低限度的集中式管理。通过深化人工智能（AI）、GIS、物联网及移动互联网等技术的应用，与云平台业务流程深度交互，实现各业务模块全流程透明化的信息协同、业务协同、人员协同，乃至供应链上的协同。通过大数据技术的引入，对业务活动数据进行采集、过滤、清洗、分析、共享，建立全流程透明可视化服务，并为优化业务流程提供量化依据。通过容器云技术和观云台产品建立基础的PaaS平台。实现具有高可用和弹性计算以及全链路智能监控的业务上云基础支撑。通过对业务的高度抽象，深化微服务架构，建设业务中台，使各系统总体更具“柔性”，能够通过简单的定制实现快速业务复制，为建立独立运营的SaaS做好准备。

2020 年年初，面对突发的新冠肺炎疫情，在疫情阻击战期间，德邻陆港以服务客户为根本。在销售方面，帮助买家最大限度节省成本，发现更多的资源与机会，同时帮助卖家扩大买家用户群体，拓宽废旧物资处置渠道，也为企业争取了更大效益。网上销售的品种包括钢材产品、可利用材、废旧工业资材和闲置房产等大类，其中，水浮油、水渣、废次卷料、废座砖等多个品种还创下了疫情阻击期间的销售量新高。在物流方面，为了快速开展物流园区及道路运输的复工工作，方便疫情期间业务的正常办理，避免人员密集接触，为提高服务质量，增强平台用户黏性，平台为客户提供了在线预约、智能闸口、园区线路导引、数码监控、智能语音播报、智能终端一体机等特色功能服务。通过平台的应用及推广有效地减轻了物流园区的库存积货压力，也大大提升了物流作业效率。

德邻陆港基于“合作共赢”和“线上线下融合发展”的经营理念，致力于提升钢铁物流行业运作水平，培育立足辽宁、覆盖东北、辐射全国的物流生态圈。公司主要从事电子商务、网络货运、仓储配送、钢材加工及贸易、汽车商贸、金融信贷、油品销售、汽车后市场服务等业务，为社会各界用户提供“柔性”供应链定制服务。

变革创新是我们的制胜法宝，合作共赢是我们的唯一选择。未来，德邻陆港将携手社会各界有识之士，提供至臻至善的服务，依托不断完善的智慧供应链服务线上平台，逐步融合线下业务，整合线下资源，线上与线下联动，发展新型互联网平台经济。在服务鞍钢的同时，积极拓展社会业务，以延伸产业链、提升价值链为发展主线，构建新的战略支撑和效益增长点，最终形成互利共赢的智慧型钢铁服务生态圈。

（德邻陆港（鞍山）有限责任公司　张丽莉）

“电商 + 物流 + 智慧工厂”三驾马车 成就未来大宗商品平台之王

大宗商品一般是指能源、基础原材料和农副产品等，供需量大、重量大、价格变化大，交易主体为 B 端企业，有着庞大的中间贸易商群体，除此之外这些商品在地域上分布极为不均，供应端与需求端往往相隔千山万水，需要长距离的运输，物流成本相当大。

很长一段时间，不管是资本还是大宗商品从业人士，几乎都将所有的注意力放在交易端，大宗商品电商平台前赴后继地涌现，竞争惨烈。

在时间的洗礼中，太多的大宗商品电商平台成为历史的尘埃，留下的是一声叹息或者一地鸡毛。实际上，这些单一的大宗商品电商平台的重复建设并没有为行业和产业链带来多大价值，更不用说改革性、创新性、利国利民的根本变化。

与交易端的火热不同，大宗商品物流端很长一段时间鲜有人问津，很多的痛点长时间被人们忽视，也许是因为利益纠葛，也许是因为物流行业处于供应链的最底层，不够高大上，导致太多的乱象与浪费长期存在却得不到关注。

随着巨量的大宗电商平台的倒下，随着生产企业对物流认知度的提升，随着越来越多的生产企业将物流放在与生产、销售同等重要位置，以及国家对物流行业和无车承运人的政策支持，无车承运人逐渐受到关注，资本也随之加码。大宗商品电商平台也开始交易、物流两手抓，着重布局资源共享、设备共享、信息共享，透明化、可视化的高效物流平台。

物流平台终于迎来了它应得的一切。虽然有些迟，但迟到总比不到好。现在呈现在大家面前的几大物流平台基本上已经实现系统化、可视化，极大地降低信任与沟通成本以及货物风险；物流的信息化使车辆空驶率大幅度下降、满载率大幅提高。

特别是前端布局了电商平台、智慧钢厂大宗商品系统的企业，通过电商平台，商品不仅可以直接销售到终端，更重要的是通过前端的电商平台收集购销订单，大量的分散订单可以集合在一起选择合理的集散地仓库和多式联运，避免高成本的零担运输以及多次转运。经过合理的规划，商品的配送甚至可以从厂库直接到终端所在地仓库或物流园，商品只需要一次到两次配送便可到达终端用户。

通过大数据、区块链及可视化技术，货物从生产到应用过程中产生的所有数据都能第一时间采集归总分析，然后进行可视化呈现，产业链决策者可以第一时间做出最正确的决策。

以下以物泊科技为例来阐述。

物泊科技为什么布局大宗商品物流？

物泊科技看到了大宗商品物流这个行业的痛点，也看到了痛点背后蕴含着的巨大的市场空间。物泊科技因为看见并相信勤奋热情加上科技可以对行业进行重塑，可以减少不必要的中间损耗，降低整个行业的物流成本，可以为行业和社会的节能减排、降本增效作出贡献，所以于2018 年4 月投资4.761 亿元人民币布局大宗商品物流平台，并于第二年成为当地纳税大户。

传统物流行业是怎样的一个行业？

物流行业有1400 万辆车辆、2100 万名从业者、80 万户经营户，其中90%是中小车队，这一群人局限于面对面熟人交易，交易成本高，货物与车辆匹配效率不高，造成运力浪费，司机收入低。物流配货站依靠与货源掌控人的紧密关系开展中介工作，收取中介信息费，导致司机成本上升，从而转嫁企业。

行业未建立成熟的信用体系，信息化管理缺失。运输企业税负高，个体运输户没有开11%增票的资质，巨额的销项发票没有办法获得足够的进项发票抵扣，增加了企业压力，同时税务的有效监管存在盲区。

失信成本较低导致违约现象时有发生，诚信信息共享体系不完善，诚信信息难以查询，行业未形成联合惩戒机制，社会对物流行业诚信认可度不高，已成为物流行业发展的短板。无法对司机和车辆的状态进行有效监控，无法实时掌握运输过程、状态、行驶轨迹等信息，运输可控性低。

以大宗商品为主的工业品物流，下游运力更是极为分散，散、乱局面长期存在，另外，货源信息十分零散，集中度低，这大大制约了公路物流效率的提高。

收发货业务不能同步，不能实时反映库存真实情况：原材料收货、成品入库、成品发货过程信息不能实时联通，不能及时将实际库存变动反馈到系统上。

没有完全实现电脑过磅科学管理：称重、开票等业务办理基本上由手工完成。众多作弊行为防不胜防：如内外勾结一车多称、车牌互换作弊、利用遥控器远程控制称重结果、称重结果不保存、开低价提货单装高价货等。

物流信息平台在信用建设、过程监控方面可以发挥巨大的作用，平台的建立可以消除信息孤岛，促进陌生人交易，实时监控车辆状态、提高物流安全性与效率。

物流有多重要?

物流总费用占中国 GDP 比重近 15%。大宗商品货运以煤炭、钢铁、水泥、有色金属、农产品为主，货运体量超万亿元，市场潜力巨大。拿钢铁来说，我国钢铁产量近 10 亿吨，每吨运输费用减少 10 元，对整个社会来说就是贡献了一笔巨款。

况且，我国大宗商品消费量还在逐年上升，众多品种大宗商品需求量位居全球首位。因为我国各地资源禀赋的不同，大宗商品从生产地到消费地需要经历大腾挪，而且随着消费需求的快速增长，很大一部分需要依靠进口来补充，比如对于大豆、铁矿石、镍、锌、白银、精炼铅、玉米、煤炭等大宗商品，我国已经从出口国变为进口国。煤炭、矿石、钢铁、粮食、建材等大宗商品物流已成为我国物流运力的主力。

国内物流加上进口物流，大宗商品物流已成为我国物流最重要的部分。来自中国物流与采购联合会的数据显示，即使是在新冠肺炎疫情影响下，我国进口物流需求量仍呈显著增长（见图 1），大宗商品和重点农产品进口量均有所增加。进口铁矿石同比增长 9. 6%；进口煤同比增长 12. 7%；进口大豆同比增长 17. 9%。

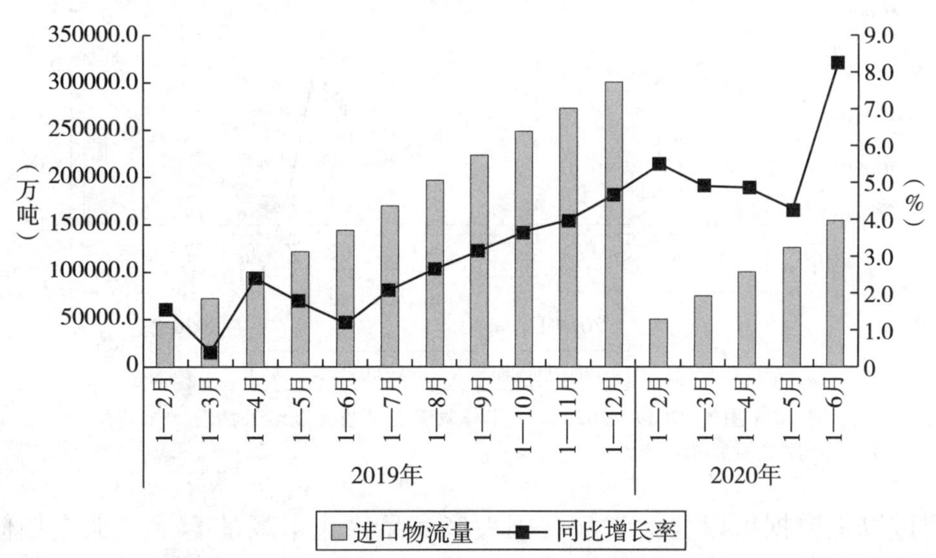

图 1　2019—2020 年上半年进口物流量及增长情况

资料来源：中国物流与采购联合会。

2020 年上半年，全国社会物流总额为 123.4 万亿元，略低于上年同期，如图 2 所示。

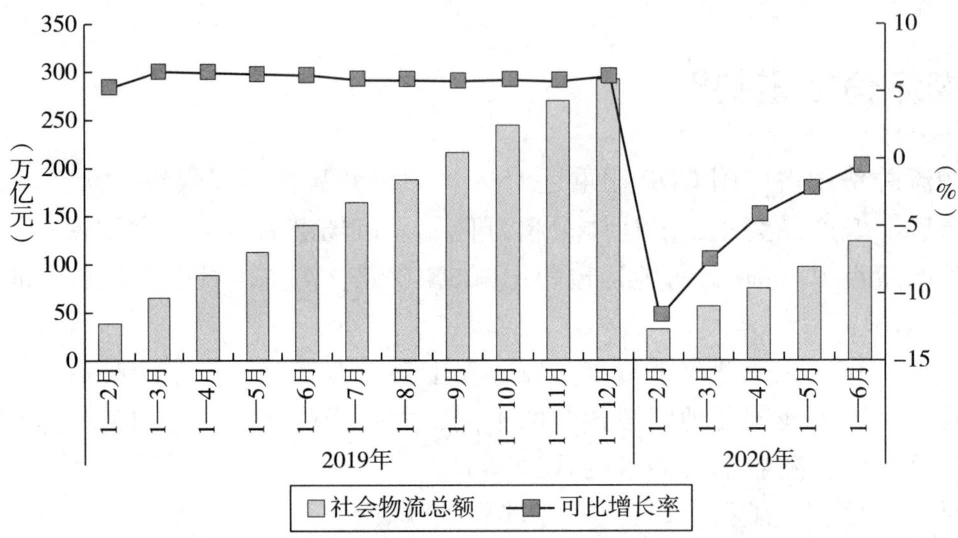

图 2　2019—2020 年上半年社会物流总额及增长情况

资料来源：中国物流与采购联合会。

2020 年上半年物流业总收入 4.6 万亿元，因为新冠肺炎疫情的影响，比上年同期下降 2.7%，如图 3 所示。

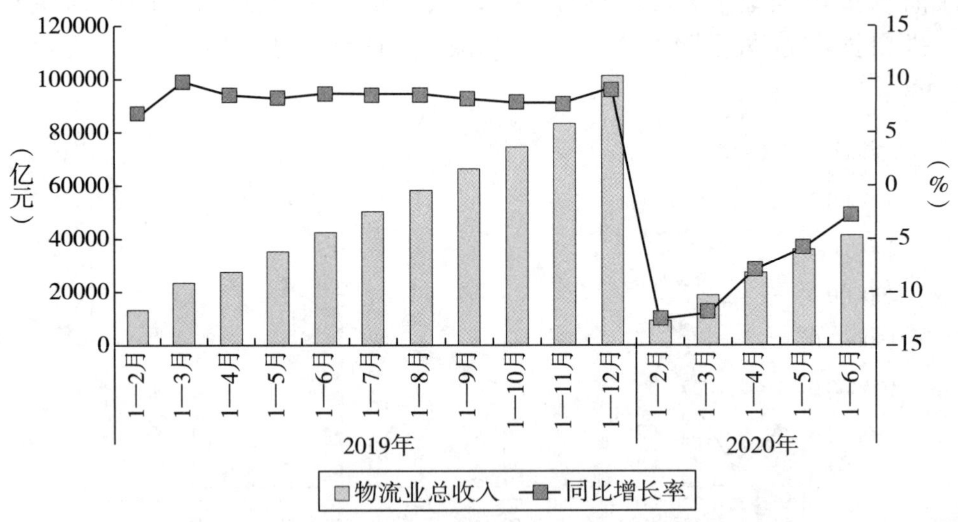

图 3　2019—2020 年上半年物流业总收入及增长情况

资料来源：中国物流与采购联合会。

通过以上数据可以大致了解我国大宗商品物流市场的容量。那么如何整合庞大而分散的货源？如何聚集车辆和资金等资源？如何让资源最优配置降本增效？如何建立切合实际需求的成熟运营体系？物泊科技核心业务如图 4 所示。

图4　物泊科技核心业务

物泊科技怎么切入市场?

物泊科技构建了一个涵盖大宗商品供应链、互联网＋物流、工程物流、物流金融、物联网、企业智能制造等方面的物流与供应链生态系统。物泊科技是交通运输部首批无车承运人试点企业并拥有无船承运资质，同时也是全国首批5A级网络货运平台企业。

在国家政策方面，党中央、国务院为推进、鼓励并落实无车承运物流创新发展，出台了一系列的政策，其中包括《国务院办公厅关于进一步推进物流降本增效促进实体经济发展的意见》《交通运输部办公厅关于做好无车承运试点运行监测工作的通知》《交通运输部办公厅关于推进改革试点加快无车承运物流创新发展的意见》。加快完善与新经济形态相适应的体制机制，提升服务能力，推进物流供给侧结构性改革，促进物流业“降本增效”成为重点发展方向。

无车承运人即货运平台具有资源整合能力强、品牌效应广、网络效应明显等特点，利用互联网手段加上组织模式创新，能够有效促进货运市场的资源集约整合和行业规范发展，能够促进物流货运行业的转型升级和提质增效。

物泊科技已经实现了线上资源合理配置，线下物流高效运行，运营网络覆盖全国主要城市。物泊科技在货源组织、车船整合、运输监管、保险理赔等能力方面不断加强。单是运输环节，物泊科技就采用海运、水运、铁路、公路等多种运输方式联运（见图5）。

多式联运的效果是非常明显的。根据货物本身特点、货主配送要求及路线

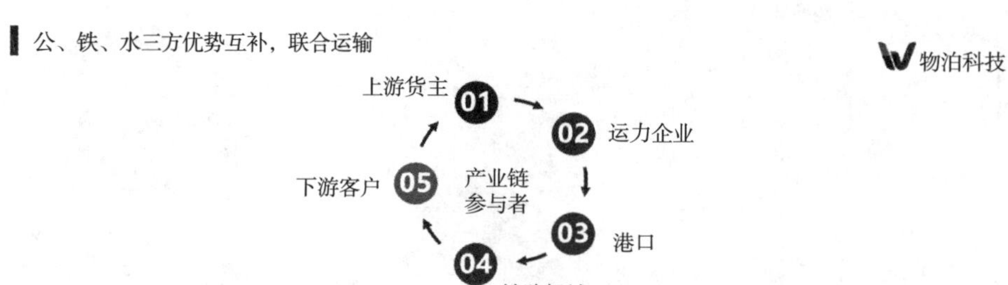

在该模式下，产业链各环节的参与者主要包括上游货主、运力企业、港口、铁路场站、下游客户。
所形成的链条为

图 5　物泊科技多式联运模式

情况采取适合的联运方式，可以极大地降低运输成本，减少对社会资源特别是公路资源的占用。各种运输方式的不同特点如表 1 所示。

表 1　各种运输方式的不同特点

运输方式	时速范围	运输特点
铁路	80km/h ~ 250km/h	运距较长，时效较慢，受地形及货物品类影响大
公路	80km/h ~ 120km/h	运距较短，时效快，个性化服务能力强
水路	14km/h ~ 50km/h	运距较长，时效最慢
民航	800km/h ~ 1000km/h	时效较快，价格偏高
管道	—	受货物形态、管道半径影响较大

2017 年不同运输方式的货量、周转量及成本如表 2 所示。

表 2　2017 年不同运输方式的货量、周转量及成本

运输方式	货量（亿吨）	货物周转量（亿吨公里）	运输价格（元/吨·公里）
铁路	37	26962	0. 26
公路	368	66713	0. 87
水路	67	97455	0. 01
民航	0. 07	244	1. 3
管道	8	4757	0. 04

资料来源：中国物流学会。

多式联运方式不仅运费最优，而且行业与行业、企业与企业之间的联合互动、沟通对话也会加强，这样更有利于整个行业乃至整个社会的相互学习、相互扶持、共同进步。

公开资料显示，2018 年我国多式联运行业市场规模为 1765 亿元，同比 2017 年的 1580 亿元增长了 11.71%（见图 6），2018 年多式联运量为 14.97 亿吨（见图 7）。欧盟的道路实践数据显示，相比单一的公路运输，多式联运可以将运输效率提高 30%、货损货差减少 10%、运输成本降低 20%。

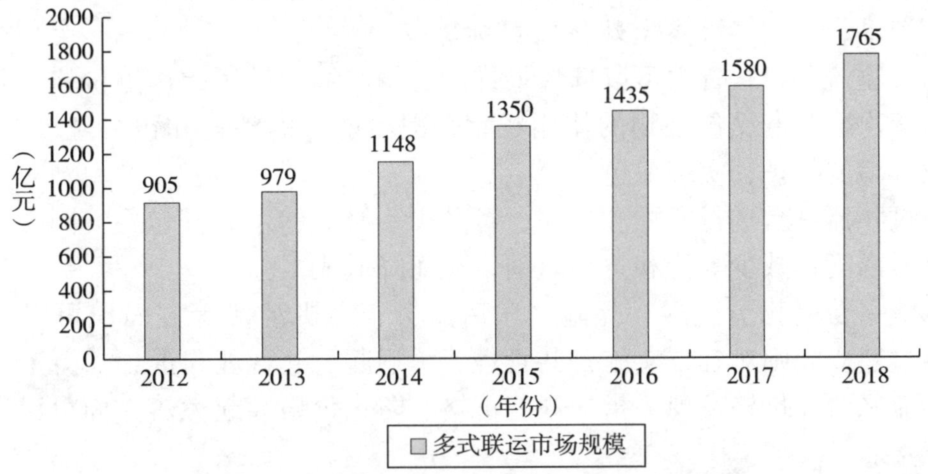

图 6　2012—2018 年中国多式联运行业市场规模情况

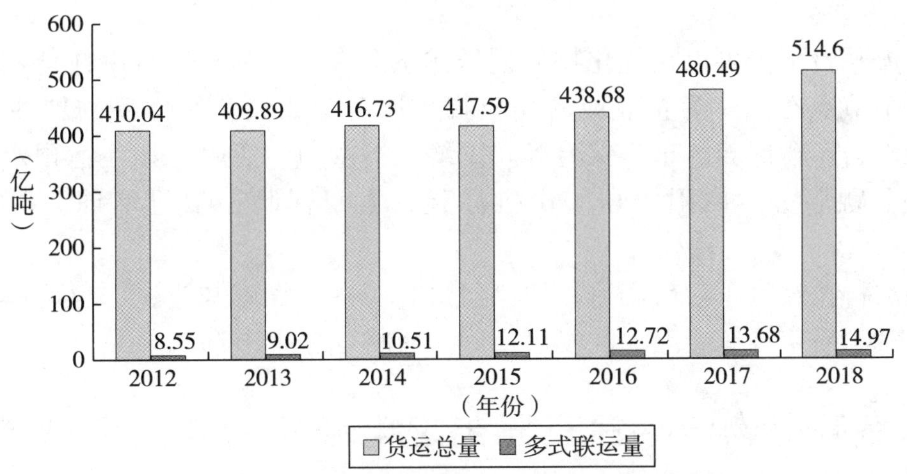

图 7　2012—2018 年中国货运总量及多式联运量

多式联运可以从运输本身降本增效，但物流市场的动态性和随机性很强，如何下好这盘棋，个人的力量就显得微不足道，只有借助工具、借助高科技、借助大数据才能迅速获取市场变化、物流需求等信息，及时规划和调整资源配置，促进资源产业转型升级。

利用大数据分析能帮助决策，第一时间掌握市场货量流向、交通网络、辐射区域、竞争对手市场占有率等情况。

另外，通过“物联网+互联网”技术让数据驱动车辆管理变得更容易。通过使用车联网系统，运营车辆的能耗、路线跟踪、驾驶行为等数据一目了然，有助于规划车辆保养、用车成本统计等。

生产企业、运输企业借助互联网的优势，能够整合上下游资源，从而实现协同发展，资源利用最大化，互联网技术的应用能够实现物流链资源高效配置和有序流动，达到“降本增效”的目标。

通过物流平台，货主可以选择最优的运输路线、最优的运输价格，降低货物的转运次数和产品包装物的使用频率，减少能源的消耗和包装垃圾的产生，达到对环境的保护，实现绿色物流。

通过物流平台进行匹配和交易，可减少不必要的中间分包层，同时实现货与车及时匹配，减少等待和空载时间，从而降低成本。

物流平台在物流金融、保险、车后服务、司机消费等方面也可以有所建树，通过建立规则对各方实施公共管理，承担起公共管理职责。

物流平台在价格发现、指导规范价格、防止价格大起大落方面可以发挥积极的意义。

物流平台的长尾：汽车后市场

物流平台不仅可以在优化物流配送体系上有所作为，还可以在与物流链相关的各个节点布局，为企业或者司机提供服务，如汽车后市场的加油、ETC、车辆维修、车辆保养、车辆保险等。围绕人提供的生活服务如住宿预定、餐饮预定、金融服务、休闲娱乐、司机体检、人身保险、学习培训、司机俱乐部等。

物泊科技在汽车后市场这一块已经进行了一些探索与尝试，也取得了一些成绩，汽车后市场有着巨大的发展空间，其耕耘任重道远。

大宗商品物流平台三兄弟之电商平台与大宗物料管理平台

三兄弟各自有海量的经营数据、设备数据、产业链数据等，通过技术融合、互动互证，可以为产业链提供更好的决策参考。

电商销售系统动态展现订单执行情况、结算明细，减少人为干预。根据客户购买情况，系统自动调整平台价格，优化工作流程，通过数据共享减少纸质单据传递。工厂端可以根据原料到场与产成品出库情况，指导生产与采购，精确地管理库存，动态查看实地库存摆放情况。

电商平台使采购业务公开透明

电商平台使采购流程透明化，减少采购业务人员暗箱操作的可能，建立动态的采购业务监管体系，将采购管理制度与采购管理平台相结合，使制度得到真正的落实，监督管理部门可以在事前、事中、事后对采购工作进行有效的监管。

减少人力成本

供应商可在手机 App 上方便快捷地查看采购需求，直接进行报价报量，采购人员只需选择最优质的供应商。

统一联合采购，节约采购成本

量大从优，以团购方式进行统一采购，参与企业都可以最优惠的价格采购到高质量的产品，若一家企业采购量为 3000 吨，三家企业联合采购量为 9000 吨，按照每吨价格降低 20 元算，则每家企业采购可节约资金约 6 万元。

去中间环节，节约成本

采购系统去掉了中间商，使采购企业与供应商直接进行交易，减少了中间环节。以某钢厂为例，每年采购招标仅焦煤原料这一项采购量为 150 万~200 万吨，以最少 150 万吨为例，若每吨节约资金 20 元，每年节约资金约 3000 万元。

大宗物料管理系统集成平台，无缝对接

无人值守、无人计量，降低人员成本，降低管理成本；孰低原则，降低采购成本；提高收发货效率，降低人员工作强度，减少沟通成本，减少纸质单据传递。

通过电商、物流、大宗物料三个系统的集成、对接，可以大大降低人力成本。以某钢厂为例，销售人员节省了 20 人，开提货单人员节省 24 人，财务自动结算人员节省 8 人，磅单与材质书打印人员节省 6 人，以每人每年 4 万元工资计算，每年节省 232 万元。

使用电商销售系统后，每吨钢材售价比原来增加 20 多元，以年产 500 万吨计算，年利润增加 1 亿多元；销售方式由原来的销售给协议客户，变为直接销售给终端客户，对行情能够实时把控，直接指导了生产和销售，同时平台价格也成为钢材市场的价格风向标。

从物流到电商到大宗物料管理系统，物泊科技打造大宗产业链服务网

2020 年 2 月“点钢电商”（esteel. com）成立，点钢电商运用云计算、大数据、区块链、物联网等新一代信息技术，以钢铁、煤焦、矿石为起点，向大宗物资产业链上下游客户提供全渠道一站式交易服务、信息数据服务。

点钢电商涵盖大宗物资现货实时交易，厂商中远期合约预售，在线货物抵押融资，并将交易过程中的资金、物流、仓储、加工、配送等业务与创新科技融会贯通。点钢电商的几个重要时间点概括如下。

·2020 年 2 月点钢电商成立

·2020 年 5 月 18 日点钢电商平台对外公测第一笔订单

·2020 年 8 月 26 日单日成交突破 2 万吨，总交易量为 23540 吨

·2020 年 9 月 6 日单日成交突破 5 万吨，达 5. 9 万吨

·2020 年 9 月 19 日“点钢电商”福建总部平台暨数据中心启动

·2020 年 10 月 25 日晋南钢铁集团整体上线“点钢电商”平台运营

为了更好地对接制造端，帮助工厂智慧化数字化，物泊科技于 2019 年收购“钢软”。

钢软产品主要针对钢厂的生产管理及过程自动化，钢厂销售公司和钢铁贸易企业的营销管理、实时财务分析、分销体系的建立，钢材仓储企业和加工配送企业管理、现货电子交易平台建设、钢材市场的信息化等。

物泊科技正是顺应了产业发展新趋势，一方面通过物联网智能制造整体解决方案广泛连接、服务各类制造企业；另一方面依托先进的互联网智慧物流平台整合社会各类运力资源，为广大中小货源企业提供优质的运输服务，通过货源、车源的高效对接加强信息资源的行业共享，不断提高运输组织效率和物流公共信息平台建设水平。

公司成立一年就成为纳税大户。公司在江苏、河南、河北、福建、山东等 20 多个省市设立了分公司或办事处 65 家，业务范围辐射全国。预计到 2021 年年底，平台车辆将超过 200 万辆，连接货主企业超过 2000 家，业务覆盖大宗商品供需匹配、运力匹配、车后服务、税务征信、金融保险等多个业态。

当下，整个大宗商品平台领域尚处于“春秋战国时期”，不管是已经进入的还是尚未进入的都有称霸天下的机会，但是成就未来大宗商品平台之王的必定是“电商 + 物流 + 智慧工厂”三驾马车。

谨以物泊科技在大宗商品物流与电商以及智慧工厂方面进行的探索为例，以资同行与来者，共建共享，共同为大宗商品物流乃至产业链的健康有序平稳发展贡献力量，共同为我国的节能减排事业添砖加瓦。

（物泊科技有限公司　居懿熙、张飞）

车联网大数据赋能货车保险

——中交兴路“4+1”模式综合解决方案助力保险公司规模效益双提升

财险领域当中，货车保险占据车险市场保费规模的12%～18%，是保险公司重要业务板块；长期以来，货车高赔付、赔付波动性大、干预手段少，是保险公司经营上的巨大难题。随着科技发展，数据和AI技术正在迅速改善保险公司的风控能力，保险公司可保范围逐渐扩大，产品体系不断完善。以大数据为基础形成风险识别、保中干预、理赔减损、线下服务的闭环管理正在解决长期存在的“货车保险难题”。

作为一家以车联网大数据技术为核心，为公路货运行业提供多元化产品和服务的科技企业，中交兴路在战略布局保险风控业务的两年多时间里，通过数据技术不断解决行业痛点和险企需求，打造出服务货车保险全流程的“4+1”服务体系（见图1），精准解决货车保险业务链条各环节需求，赋能货车保险可持续发展。

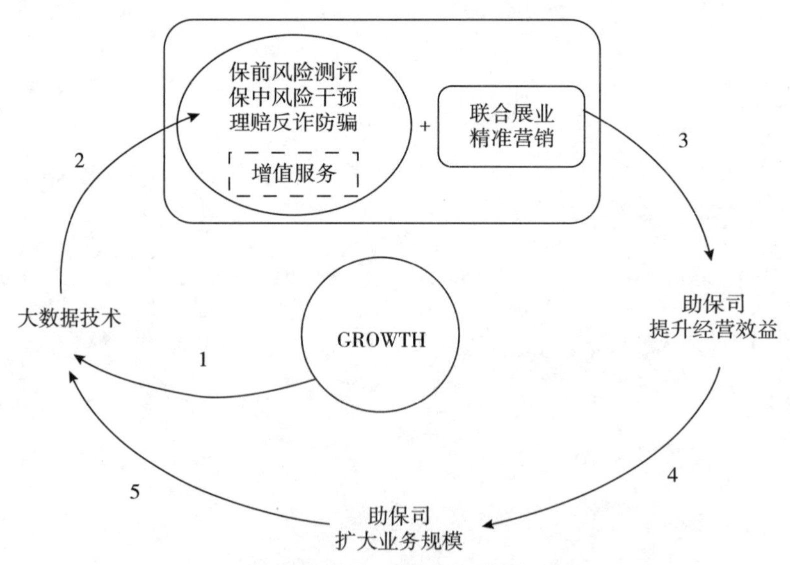

图1　中交兴路“4+1”货车保险综合解决方案

其中，“4”是指通过保险科技能力为保险公司及其他相关客户提供“保前科学管理”“保中风险干预”“出险理赔减损”“线下客户服务”4个闭环服务体系，而“1”是指通过资源整合，与同行展业合作，在开创互联网创新保险产品的同时，以专业的保险经纪服务能力助力险企营运货车保险业务的稳健发展，激发其活力。截至目前，中交兴路已经与人保财险、平安产险、太平洋产险、国寿财险、阳光保险等近20家保险公司达成合作，为100多万台营运货车提供保中风险预警和安全管理服务。

多因子保前测评工具：让险企风险预判更精准，管理更科学

以往，由于保险公司对货运车辆风险识别不准确，只能通过车型、车系、品牌、吨位、使用年限等“从车”因素，粗略地区分车辆风险成本，无法提前预判，也不能精准定价。因此干预风险、改造风险、管理风险能力不强，造成赔付成本高、长期亏损的困难。精准的保前测评，可以让险企在客户选择上更有针对性和主动性。

车联网大数据技术让货车保险在保前测评方面有了新的抓手。2018年，中交兴路联合中国保信集团推出全国首个重载货车保险风控系统，通过运营、道路、驾驶、业务四大类上百项动态风控因子，为保险行业车辆精准定价提供了多维度的“从用”指标，弥补了原来定价的盲区。举例而言，原来一台车保费定价2万元，无论风险高低，保费都一样。而现在，如果该车经风险测评后显示风险低，可能只需要交1万元保费，风险高则可能需要交4万元保费，保险公司可以精准定价。

精准的保前风险测评不但改变了传统的定价模式，也让险企在业务结构调整和资源投入方面更科学。一方面，相比较其他品类的保险业务，60%的营运货车保险都是以团车形式承保，而一个车队中好车、坏车均有，难以精准识别风险。如安徽省濉溪县某运输公司，通过中交兴路的保前风险测评工具综合评估其车队里的300辆运营货车后，发现其评分仅为29.6，保司随后便调整了整体的业务结构；另一方面，根据中交兴路建设运维的全国道路货运车辆公共监管与服务平台（以下简称“全国货运平台”）上的入网车辆的动静态数据比对分析发现，全国不同省份和地区的营运货车的车型、行驶区域等带来的经营风险也有所不同，比如，江西省货车风险会比吉林省高出接近2倍，而江西省内萍乡的风险又比景德镇高出接近2倍，险企投放运营资源更有针对性。

多角度保中干预：风险预警助推保中服务精细化

目前货车保险业务的服务过程中，承保方基本只出现在保前、出险后的理赔阶段或是续保期间。与此同时，在风险管理的全流程体系中，货车保险业务更多的是进行风险化解的事后补偿。类比形容，险企工作更像一块创可贴，无法预知风险从而杜绝风险，只能在伤害发生后用以保护“伤口”。

随着技术发展，车联网大数据技术能让险企和客户关系更加紧密，保中服务可以做到更精细化。基于全国 680 万辆重载货车海量数据，中交兴路正在通过前沿科技不断完善智慧型车辆风险管控系统，通过 AI 实时监控系统和 7×24 小时的风控服务中心，为风控车辆提供基于危险驾驶行为、危险行驶路段、恶劣天气以及实时道路等类型的预警提醒。系统可将司机的超速、疲劳驾驶或高速违规停车等危险驾驶行为划分为初级、中级、严重三个等级，当危险驾驶行为达到严重值，会有风控服务中心的工作人员进行电话外呼人工干预，对相关车辆的运营情况、司机驾驶行为进行分析及纠正，有效降低风险发生的概率和减少损失。

2019 年年底，中交兴路在该风控系统应用的基础上，推出了一款针对自卸车的保险风控产品，且成效初显。以浙江金华市为试点区域，中交兴路经过对金华某保险公司关于自卸车的交通事故历史记录数据研究发现，自卸车的风险减量手段应以右侧盲区报警、360 度环视、路口车速控制等为主，因此通过对金华市底层地图进行数据提取，在全市 200 多个自卸车易发事故路口设置 800 多个电子围栏，系统监测到风控车辆即将进入该区域，就会触发预警提醒，有效做到事故易发路口 360 度全覆盖，从而避免潜在风险。目前，该保险风控产品应用中的自卸车日均接收到的风险预警提醒次数已由之前的日均 3.5 次提高到 6 次，为往期近 2 倍，且高于金华地区车辆日平均预警次数 5.2 次。预警次数提升意味着交通事故发生频次的降低，助力险企将服务做细做实，消除安全隐患。

多维度理赔支持：险企反欺诈降成本有帮手

与乘用车相比，货车保险呈现金额大、人伤案件占比高、出险多在 22：00 至次日4：00 等特性，因此一般而言货车保险事故核保更难，理赔水分高于私家车。由于货车行业“多、小、散、乱”的特征，行业里频繁出现的“骗赔”“诈赔”以及人为扩大损失等欺诈行为也让保险公司常面临着取证困难、高赔付、赔付波动性大等情况。

车联网大数据为险企核保工作提供了便利。以此前事故为例，投保车辆在沪蓉高速某路段行驶时，与其他车辆发生相撞，造成一死一伤的事故伤亡。事发 7 个小时后，投保车辆向公关机关报案并向保险公司出险报案，声称当时因为没有感应到交通事故，才离开的现场。随后，保险公司通过全国货运平台数据发现，事发后的 10 分钟内，该车频繁进行打火和行驶两个动作，并关闭北斗定位导航系统，此异常行为引起了交警部门的注意，判投保车辆属于肇事逃逸行为，为保险公司减损 110 余万元。

此外，车联网大数据技术的应用也可让保司提升理赔服务能力。如对于网络货运物责险出险事故的甄别，以往保险公司只能根据车辆行驶出物流园区的监控视频、驾驶人员口述、行政主管部门开具的证明等信息定损，信息的不断核实既耗费了人力也难让客户满意。在 2019 年的一起“火灾致货物全损”的出险案例中，正是由中交兴路理赔工具 1 个工作日完成快速定性，才让投保人在 10 个工作日便收到 18.8 万元的赔付款，中交兴路的车联网大数据能力成为险企反欺诈降成本的好帮手。

多形式增值服务：助力险企提升与客户之间的黏性

除了基于车联网大数据技术在保前、保中、理赔环节的保障之外，在服务领域，中交兴路还通过其他服务形式帮助险企增强风控能力。此前，在营运货车保险领域，保险公司并不掌握大部分的客户信息。一方面，很多货车会挂靠企业，企业并不是该车辆的实际营运人；另一方面，多中介环节也让投保人的信息无法被保险公司掌握。

在增值服务方面，中交兴路主要以线下车队调研拜访和车队安全管理培训活动为主。通过下车队的方式，增加投保方和承保方之间的了解，增强黏性，提高续保率；同时进行车队安全管理培训活动，让公路货运从业人员增强风险防范意识，提高风险应对能力。2020 年 3 月 18 日，中交兴路举办在线的“货运车辆安全管理培训”直播活动。活动特邀交通运输部危险货物道路运输专家组成员、长安大学知名教授沈小燕作为主讲师，面向大型货运车队、货运司机及货运保险等道路运输行业相关从业者，活动得到了业内人士与营运货车司机的一致肯定。

多渠道资源整合：助力行业生态的稳健发展

目前，依托于全球最大的商用车车联网平台 620 万辆重载货车的数据优势，中交兴路还同时布局物流科技和金融科技的应用生态，推出包括网络货运 SaaS

平台、ETC、车旺大卡等产品和服务，覆盖“人、车、路、油、保”等多方面。

全生态产业的布局，让中交兴路的保险科技有了更丰富的应用场景和营销渠道。同为千方集团旗下公司，中交兴路和天津华盛保险经纪有限公司在保险相关业务方面有着深度协同。依托中交兴路保险科技的能力，天津华盛保险经纪有限公司已在全国设立 13 家省级分公司，可为营运货车保险业务相关的保险公司、保险中介及物流公司等主体单位提供专业的经纪服务能力。基于以上服务能力，中交兴路还推出与保险公司合作定制相关的货运保险，2019 年 10 月，中交兴路和平安保险联合推出国内第一款 UBI 网络货运物责险，使驾驶习惯良好的司机可以获得更优惠的投保价格。

“4+1”闭环体系：价值为体，流程为用

保险公司肩负聚集风险、化解风险之责，对风险进行有效识别是开展业务的首要任务，也是贯穿整个保险业务的核心任务，数据在这方面的巨大作用初见成效。风险是流动和可以传导的，一个环节风险失控，直接影响下一个业务环节的效率。因此，中交兴路依托车联网数据智能的“4+1”保险服务体系，从一开始就不是孤立单点突破结构，而是一个闭环体系。表现为若干环节，实则始终贯穿通过数据智能精准风控从而降低险企成本、提升体验的核心价值。

中交兴路方案的关键在于，将有先后环节的线性业务流程变为一个可以从任何环节提高效率的环形模式，这是一个可以让险企从保前、保中、理赔、服务任何一个环节开始都可以直接提升风控能力、节省成本却没有终点的闭环循环。这个循环可以通过上一级环节效率提升赋能下一个环节，从而形成一个效果不断增益的正循环，具备可持续运转的内生动能：保前测评识别带来更优质客户和更精确的定价，从而减少了保中风控的难度，保中多维度预警干预让服务更精细贴心，将风险消灭在发生前，从而降低理赔情形，多维度数据支持理赔反欺诈，直接降低险企成本，从而能有更多资源投入，提升技术和服务，中交兴路作为数据技术服务商的增值服务又多了一重对险企的风控的助力。

从流程上而言，中交兴路“4+1”的服务体系是一个照顾到货车保险每个环节的闭环体系，但从价值上看，全程贯穿的主线则是通过数据智能实现精准风控，降低成本提升体验从而使业务可持续发展。通过中交兴路车联网数据，提供好的险企体验，险企提升服务给司机带来实惠从而提升黏性，保证了险企业务的可持续性。这个环形的过程持续发生，险企货车业务就可以沿着这个模式不断循环增长，从而为整个行业带来增量。

（中交兴路　李成才）

基于“主动安全服务”的物流运输安全管理新模式

随着高速公路的发展和汽车性能的提高，汽车数量增加以及交通运输日益繁忙，汽车事故增多所引起的人员伤亡和财产损失不容忽视，与此同时，物流运输过程中的安全管理问题一直以来都是政府安全管理部门和物流企业重点关注的问题。

在“互联网＋”大形势下的现代物流企业中，安全管理水平的提升有赖于新技术应用和新管理模式的结合。主动安全服务系统是物联网技术在运输安全管理上的新应用，该技术以人脸识别、人工智能算法为基础，通过驾驶员驾驶行为管理、车辆安全行驶预判等机制，保障物流运输过程中的人员安全、车辆安全、货物安全。

一、物流运输安全管理现状

1. 常规管理手段及弊端

当前物流企业的安全管理更重视信息化手段的运用与管理制度的建立，这些先进手段的综合运用提升了企业的安全管理水平，但是由于很多企业的安全管理机制还不够完善、安全管理人员不足、责任和措施未完全落实等诸多实际原因，导致在管理操作上，制度趋于摆设、安全培训流于形式、考核基于感觉。

（1）制度趋于摆设。

制度发挥作用的基础是合理性和可落实性。在常规管理手段下，企业在安全管理上不能准确掌握与安全相关的核心数据，大多凭感觉、凭经验来实施管理，在管理制度的制定上“照搬别的企业制度，稍做修改，东拼西凑”的做法极为常见。这样的制度在合理性和可落实性上无从谈起，达不到加强安全管理的目的。

（2）安全培训流于形式。

安全培训在安全管理中是非常重要的一个环节。安全培训的重要目的在于提高安全意识、规范安全操作、健全安全保障配套。当前大多数企业由于不能及时真实地掌握运输环节安全隐患情况，对员工不能展开有针对性的安全教育培训，在政府重监管、企业重落实的安全管理大形势下，安全培训反而逐渐流于形式。

（3）考核基于感觉。

政府对安全管理非常重视，在很多资质审批环节设置了“一票否决”制。作为物流企业来讲，也是非常重视安全管理，在和安全相关的环节加大了考核力度，但是由于缺少科学、合理的管理方式，在物流运输这个复杂而特殊的领域，管理者难以全面并真实掌握其作业形态，所以在实际管理过程中，管理者往往处于一种被动和“弱势”处境，最终的安全考核只能凭感觉、凭关系、凭印象。

2. 主动安全服务系统应用下的管理模式变革

如今智能物流装备结合物流信息化正在促进物流的智能化，未来智能物流将是连接供应链和客户的重要环节。自动化物流装备以及智能物流信息系统已成为打造智能物流的核心元素。

分析物流行业的运营现状，其特点往往是夜间配送时间占比高、日常运营时间长，配送路况复杂还容易面临高峰期，要求“短平快”等。同时司机群体还面临着很多不可避免的事故风险。如何通过智能驾驶来提升司机驾驶安全、如何通过智慧物流来提升物流环节安全等问题，亟须解决。将车、司机、业务全面结合，将全链条数据进行采集和挖掘，将主动安全的范围扩大已经变成迫切需要解决的问题。

“主动安全服务”系统正式应用，给行业在安全管理上带来了变革式的影响。该系统的应用，更真实且及时地把运输过程中的车辆行驶状况、司机驾驶行为、货物转运状态等核心场景展现在管理者面前，同时系统对关键数据进行智能分析处理，对于影响安全的危险事件进行实时预警，既保障安全，又能为管理决策提供全面的数据支撑。

结合新技术的应用特性，安全管理应由原先单纯结果导向的事后被动管理向透明化、标准化、数据化的运输过程主动管理变革。

二、物流运输安全管理新模式

在新的形势下，物流运输安全管理的重点是过程管理，要做好过程管理必须重视物流信息化建设。综合以上的问题分析，结合主动安全服务系统的实际应用体会，建立一种闭环的安全管理新模式，总结传统物流弊端，深入结合场景需求，以科技重塑人、车、货生态圈，彻底打通客户流、订单任务流、智能化调度、仓储管理、车辆管理、结算系统、数据分析平台等物流仓配体系。万位科技所有的系统把控都得益于对于大数据的充分应用，从数据开始、沿数据发展、以数据结尾。以大数据为基础，进行车况分析，建立智能模型、云TAG，从而开展业务挖掘的工作。

将数据的应用贯穿物流运输的全流程：进行车、货、仓精准匹配，提升司机的揽货能力，为司机提供最优订单；服务流程可视化管理，增强司机的服务能力；为货车提供专属导航，在普通地图基础之上升级成物流人专属的“物流地图”，例如货车的“限高限行”提醒等，从而驱使人、车、业务进行有效联动，能够更加精准地触达业务端，更深层地挖掘客户的价值，同时优化市场策略。

在物流运输安全管理新技术驱动下，致力于做好以下三个环节。

1. 事前管控

事前管控主要是做好政策性基础工作。这些基础工作主要包含以下几点。

（1）建立操作性强的管理制度。

一个操作性强的安全管理制度必须要充分考虑两件事情，一是当地政府的行管政策；二是企业自身的实际情况。物流行业是个特殊行业，是在政府交通运输部门严格管理下的行业，有些物流细分行业还受行业协会的监管，所以企业内部的管理制度必须在政府和行业管理机构的政策许可下建立。在此基础上，充分结合企业实际情况细化管理条例，有利于管理制度的落地执行。

（2）加强安全理念教育。

开展安全理念教育，形成正确的安全观念和态度，对提高安全教育培训的效果、强化企业安全管理、形成良好的安全文化氛围至关重要。理念教育的形式要多样化，多依托主动安全服务系统内真实的危险行为视频和危险操作大数据分析等实例现身说法，增强教育效果。

2. 事中干预

物流运输行业存在的问题主要有三点。一是事故频发，危险性大。因为物流运输具有时间长、盲区多、易疲劳等特点，故在运输过程中存在着巨大的安全隐患。二是驾驶员存在不良的驾驶习惯。在危化物品运输过程中如何实时监督驾驶人员行为、及时掌握油舱压力温度、管制超载现象等是目前危险品运输管理工作的主要难点，也是减少安全事故发生的关键所在。三是运营管理难。物流运输不仅要满足一般货物的运输条件，严防超载、超速等危及行车安全的情况发生，还要根据货物的物理和化学性质，满足特殊的运输条件。因而，整个运输过程更需要全面、及时、准确、可靠的信息监管和控制。

事中干预是新模式的核心部分。主动安全服务系统通过人脸识别和大数据比对，实时对闭眼、打哈欠、抽烟、注意力不集中、脱离监控、偏离行驶道路、前车车距过近、非法路段行驶等危害安全驾驶的行为进行判断并语音提醒干预，同时通知管理者进行系统和人工的双重干预，把安全隐患尽可能消除在萌芽状态，保障安全。

事中干预的重点是建立危害安全的事件反馈与分级处理机制。可以结合业务特点，对危险事件提前做好等级划分，并预定响应等级的处理通道，设定相应等级快速响应路由和应急联系方式，这样针对各种影响安全的事件都能及时有效地处理。

主动安全服务系统提供从基础业务到指挥调度、运营管理、安全监管的一整套车辆 ADAS（高级驾驶辅助系统）管理方案。通过对物流车辆基础业务子系统的构建，实现了从车载监控到安全驾驶等一系列的监管。与此同时，通过对技术进行专研推出了 AI 管理云平台，即利用平台大数据对车辆运行过程进行即时管理，进而实现对车辆基础数据的维护，从根本上预防事故的发生。

以与上海市某物流公司合作建立的企业智能化管控平台为例，企业可以获得众多服务：第一，管理者通过 AI 管理云平台能够监控车辆位置轨迹、运单、车辆运行状况以及承载货品货单情况；第二，该平台上的车辆系统能够检测司机异常面部状态（闭眼、打哈欠、姿态异常、打电话、抽烟），即通过人脸识别进行比对，发现异常便发出报警提示，以此改善驾驶员不规范驾驶行为；第三，企业可通过实时视频传输看到每辆车、每名司机和货物的在途状态——包括休息时的状态，并可实时进行车队的指挥调度，车辆司机间可实时语音对讲；第四，通过云计算平台，可同时感知车辆前方是否存在潜在碰撞危险、车道偏离风险等，若有便会提前发出声音预警，并自动上传至企业监控中心。

此外，针对司机的管理，采用大数据分析手段，抓取车辆运行数据，以此作为管理司机的参考依据。换言之就是，通过抓取车辆运行轨迹数据，包括运单、车辆运行和维护等情况，分析司机违规操作的原因，智能地判断出司机是否操作失误。比如对于超速行驶的问题，系统能够结合数据反馈的各种场合、环境因素，判断是习惯性超速还是个别现象的超速，管理者据此就可做出对驾驶员合理的惩罚决定。相比单纯地依据监控到的超速行为而不分析缘由的做法，此系统更具人性化特色，能够做到相对的公正和准确。

3. 事后教育

新模式下的事后教育环节最先进的地方就是“有据可依”。系统通过短视频和照片的形式详细记录了每台车辆、每名司机的所有危险驾驶事件，并对一个时间周期内的数据以司机或者车辆的维度自动统计分析出“安全报告”，对超速、急刹车、车距过近、疲劳驾驶等行为进行数据分析对比，并给出改善建议。

事后安全教育环节视频和驾驶行为大数据分析等直观素材的使用能最大限

度起到警醒和规范作用，也减少之前由于“证据不足”导致的扯皮推诿现象，强化教育效果，提高管理水平。与此同时，这些数据亦可作为企业安全管理培训资料库。

另外，“主动安全服务”通过基于ADAS和DSM的车载物联网设备保障司机安全，结合AI机器视觉、边缘计算和云计算技术，实现针对车距过近、车道偏离、疲劳和分心驾驶等危险事件的全面预警服务，保障司机驾驶安全，并在云平台形成司机、车辆、车队的多维度数据，用于智能化的业绩考核和优化驾驶。

同时，通过车载物联网设备，可持续累积海量数据，司机的驾驶习惯也能在云平台上得以数字化呈现，形成警惕度、清醒度、平稳性、专注度、操控性、工作量六大维度的司机画像。同时，基于司机、车辆、车队的多维度数据，管理者也可实现智能化的业绩考核和优化驾驶。

如何促进物流运输安全管理水平提升？要点就是观念的提升和管理模式的提升。在“互联网+”与物联网技术蓬勃发展的新形势下，物流运输安全管理逐步趋向于精细化和过程化。基于“主动安全服务”新模式应用的“事前管控、事中干预、事后教育”过程化管理新模式初步达到了过程管理的闭环处理目的。安全管理是一个永恒的话题，是一个动态的过程，需要不断借鉴成功的管理经验，大胆尝试新技术应用，为安全管理水平的提升而努力，让安全为物流行业发展保驾护航。

“用数据代替经验，用算法辅助决策，让机器具备灵魂。”基于“主动安全服务”的物流运输安全管理新模式，通过技术手段让驾驶多一分安全，让家人多一分安心。未来，“主动安全服务”还将立足供应链视角，提供全链条数字化服务，加速推动智能物流骨干网的建设与物流产业数字化转型。

（上海万位数字技术有限公司　方艳）

中国公路运输网络货运的数字化运营

2017 年，无车承运人试点开始，到 2020 年更名网络货运并出台了相关管理办法，这期间无车承运的热度一直非常高，行业内的大会、小会必谈无车承运，但是谈的还是税务刚需偏多，大家也都知道运营才是网络货运的内核，但是运营如何开展？数字化运营如何做？一直没有共识，也一直都是大家在探讨和探索的事情。

本文尝试探究数字化运营之路，先从基础的八个业务流程拆解展开。

（1）需求上线：这是所有流程能线上化的源头问题，解决了需求上线，整个流程的线上化问题就解决了一半。线上化需求该怎么办？大致分为三个技术点，第一个是需求获取的渠道，第二个是需求的标准，第三个是需求的分析。

先说第一个技术点，需求获取的渠道，企业的需求一部分是直接来自客户，大部分还是来自内部业务部门，这两部分需求大部分掌握在部分人手里，至少在流转的时候是这样的，所以企业在看这件事情的时候，一定要基于实际情况搭结构，系统很标准，三种形态就能覆盖所有场景，第一种是系统对接，不管是和内部业务系统对接还是和客户的系统对接；第二种就是 SaaS 版，让需求源头的人直接用第三方系统产生需求；第三种就是移动版，这个环节基本只推荐小程序，因为小程序在这样的轻场景使用率和易用性要高很多。

第二个技术点是需求的标准，需求的标准就两部分，一部分是常规标准，包括三块内容，一是基于地址库的线路起点和终点。二是货物体积重量以及匹配要求的车型，以前由于超限超载标准化程度低，这些年在交通运输部的持续治理下，已经有了改善，未来肯定会更标准化。三是时效要求。这三块是可以做成通用型的。另一部分就是可以配置成不同行业不同企业的定制型，大部分都是一些其他相关的要求，就是装货和送货的注意事项，在途的特殊报备要求等。

第三个技术点是需求的分析，这个分析分为两块，第一块是分析需求的实时性，通过数据分析是绝对能看出操作人员在实时性上的问题的，第二块是分析需求的匹配性，标准化需求和个性化需求可能都不能精准匹配，这个时候就要通过对需求的分析，重新定义出一些条件项，目的就是提高匹配率，毕竟需求线上化不是目的，是手段和必备条件，提高运营效率才是目的。

（2）报价：线上化的报价是基于实时的需求由匹配的资源报出对应的价格，也是实时地呈现在系统里，并且不能有任何人工干预，这有两个技术点，一个是匹配的资源报价，系统要有数据沉淀，基于需求的硬条件，比如线路车型位置等匹配到对应的运力资源。另一个是基于软参数，比如这个类型的货物和线路的运输趟次，最近两天是否报过类似价格，和平台的合作次数等。基于运营数据的软参数来进行精准匹配，这样才能保证这是个运营行为，否则就只是一个功能操作了。

（3）下单：如果只是上线、需求报价、下单这三步可能会成为下单这一步在系统里出现，也就是做个操作，实际决策用哪台车是在线下完成的，系统里只是做个登记，而线上化的操作必须确保决策是在线上实时完成的。有两种方式下单，第一种下单方式是基于系统事先配置好的规则，比如配置一个价格，当有人报的价格低于或者等于这个价格时自动派单，比如配置一个时间段，时间结束时自动对报价做比较，选取最优的直接派单，当然这个最优算法是要基于企业自身的情况去配置形成的。第二种下单方式是人工干预，主要是对于系统基于线上资源派不出单子的情况使用，人工的处理方式是基于系统推荐的资源去主动沟通，看能否促进下单，实在不行才会寻求外部资源实现派单。

（4）跟单：最核心的方式就是将任务全部变成三种工作流模式，提醒、预警、异常，提醒任务要求客服人员必须去查看，不需要做处理；预警需要客服人员处理，处理掉或者升级为异常；异常就是重大事件，相关人员都需知悉，而且是结案制，要做阶段性的复盘。这个系统模型形成后，就要做持续的运营了，运营点要求人员在处理异常和预警时要能提炼和总结，当然这个是指搭一套机制，真正转化的人是客服主管和产品经理，将异常变成系统处理的机制，异常任务就能拆解出异常和预警了，预警也是一样，通过拆解成提醒和预警，这样一直循环，大量的跟单场景都可以拆成异常、预警和提醒，而这三种都是不同阶段一直在做的事情，背后沉淀下来的就是企业自己的服务标准，沉淀得足够多时就会成为服务能力。

（5）结单：在运单正常完成情况下线下基本是不做任何动作的，只有出现异常问题才会跟踪处理，直到处理完才结案。但是这里所说的结单不是指这个意思，而是指构建标准化流程去对这次运单的执行进行评价，且评价也要多维度化，然后不断地沉淀这个评价，最后才能为司机和运输行为画像，对一个企业而言，只有当用户画像和行为画像在系统里沉淀生成时，才可能规模化，否则都是依赖经验，资源就一定是依附在权力背后各个岗位的各个角色的人身上。这可以放到其他流程做得相对不错后进行，只有管理、流程、系统糅合在一起不断升级才能出现好的结果。

（6）结算：结算是指从向客户收款，到给供应商付款，再到司机提取款这三步在系统里基于指令去完成，这个就是技术点。企业要做的就是有系统做承载、接第三方支付通道、付款流程完全系统化这三件事，系统做承载的目的是脱离人的权利因素，让整个过程按流程走，不存在谁可以在中间阻碍这个流程的落地。接第三方支付是必需的，主要解决两个问题，第一个是资金流水的实时更新，是要和系统账户关联上的，而不是人工去维护账户的资金变化情况；第二个就是账户体系的运营，做线上化运营没有账户体系是不成立的，而账户体系是需要借助第三方资质才能运营的，而且有了实时数据，账户才能承担用户的信任，整个逻辑才能通。

（7）开票：关于开票最核心的技术点就是如何确保真实，并且要能证明真实，最大的流程上的变化就是以前发票只是财务的事，在线上化运营场景下这个工作是全流程的事，意思就是任何流程的搭建都必须考虑合规性作为基础，而不只是为了业务流的便捷。所以企业要做的就是将发票的整个流程嵌入业务运营流程中去，“好多车”从 2017 年作为首批无车承运人试点企业时就是这么搭建和运营，最大的体会就是这一环节前期对企业基本是负担，顺了以后就成为宝了，因为财务合规会让很多流程更加规范，更规范的最大价值就是复制性强，规模化本质而言是靠复制性带来的。

（8）核算：核算在线下操作时基本是滞后的，项目的成本核算是在项目运作后完成的，相关人员的提成核算是收到款完成的。线上化运营时最大的变化就是要求精算，搭建模型的时候不能大概其，必须将每一块都想得很清楚，产品上有个小的技术点就是要搭一个专门的成本类别，称为管理费或者提留金、准备金之类都可以，主要用于对冲实际情况比计划变化快带来的核算不准的问题。这个成本的变动性和绝对值就是核算是否做得好的唯一标志，因为只要核算模型建立得够好，变动性就会极小，就构成企业的精算模型了，有了精算模型，企业可以更精准地拿到业务，这也是规模化的一个极其重要的前提。

以上就是八个基础业务流程的拆解，接下来从数字化运营需要具备的五个能力上来探究数字化运营之路。

（1）运力资源池的运营能力。数字化运力资源池包括三层信息运力和三层主力运力，分别是信息运力、活跃运力、成交运力、潜力运力、稳定运力、优质运力。数字化运力资源池的运营能力至少包括三方面，第一是系统流程的构建能力，第二是企业运力标准的沉淀能力，第三是对业务的影响能力。系统流程的构建能力很好理解，要求得有符合企业场景的这样一个系统来支持任何一个运力在系统中的标签化，并且这个标签化还是动态的，就是可能上午还是活跃运力，下午就变成成交运力了，所以必须要有流程能衔接上，特别是得让系统稳定运行，不能出现紊乱，那样资源池就乱套了，毕竟后续关于运力的大部分交易和沉淀都以此为基础，这就是系统流程的构建能力，不能只是做了个静态的标识。运力标准的沉淀能力，是在这六层运力的动态沉淀过程中要不断去优化每层运力的标签的认定标准。对业务的影响能力则是指运力资源池的构建要真正和业务场景结合起来，别出现分离，即资源池运营资源池的，业务落地又按照自己的一套标准和逻辑在运营，这样资源池的标准就得不到检验，运力资源池的质量高不起来，这套逻辑就没有意义了，甚至可能成为企业业务发展上的负担。

（2）八大流程的落地能力。八大流程在上文专门做了拆解，需求上线、报价、下单、跟单、结单、结算、开票、核算，很多企业在线下实际操作过程中，这八大流程最多只能算是四个流程在做，而且还不是两个流程并一个的方式，开票和核算是财务的两件事，这是省不掉的，这是两个，剩下两个，基本都是三个并一个的方式。需求、报价、下单三个流程变一个，在很多企业都是这样，系统里出现需求时，还一定同时会录入价格、录入司机，这就是一个运单的生成，所以系统完全成了记录的工具，而不是协助业务流程运营。这个落地能力的技术点是在管理制度上，当然人也是关键因素，管理制度要求操作流程得是先发需求，然后由另外一些人报价，再由发需求的人或者项目经理或者事先配置好的系统规则下单，并且要配套有责任制的处罚，通过数据分析基于事先定出的标准让相关人担责，这样才能确保流程的落地，否则三步肯定是并一步了，就只能叫作操作，不能叫作运营了。另外就是跟单、结单、结算的三步并一步，有些企业这三步的操作人还是前面三步并一步的操作人，甚至都命名不出这个人的岗位，有些叫调度，有些叫项目或者线路经理。如果不严格拆成三步去落地、形成标准的话，企业的客服质量就是空谈，更别说形成标准去沉淀和运营资源了，而且三步并一步的话等同于裁判和运动员是同一个人，因为跟单的目的是尽可能地规避异常，以及在异常出现时标准化处理，而结单是定论，结算是在定论后没有问题的情况下按流程付款，都是马虎不得的，而就是这么重要的运营点，现实中有非常多的企业都是简单粗暴地在做处理的。

（3）四层调度的管理能力。基于四层定价模型做调度的规则配置和运营，分别是上游客户层的定价、对下游司机的定价、自动化运营定价和人工运营定价，四层调度的管理能力是这五大能力里最难的，因为现实中这是极难在实操中拆开的，必须是已经有一定规模的企业，重新搭建流程，或者引入新的搅局者，然后做顶层设计方可。“好多车”目前就为几个企业在提供这样的服务，重新梳理企业的流程，基于系统先完成流程的线上化，将各角色的工作搬到线上去完成，然后“好多车”自身还扮演报价的角色去搅动每条线路的价格，这些线路之前可能都是捂着做的，优化空间非常小，有了线上化基础后就尝试通过搅局去构建自由报价的氛围，也就是打破之前各个线路井水不犯河水的局面，让报价活起来，然后就有大量的行为数据可以做分析和优化，就可以做总调中心了，而只有在可以规划总调中心的时候，四层调度逻辑才能完全形成。

（4）标准化的服务能力。这个能力是五大能力中最简单的，理解起来最简单，做起来不难，但需要持续做，前面也专门聊过服务标准的话题，最后都落在提醒预警异常这个模型中，总结起来就是人处理任何客户的异常，然后将异常的一部分变成还需要人处理的异常，另一部分变成预警和提醒；人在处理预警的时候将一部分变成更标准化的预警，另一部分变成提醒；人在处理提醒时将一部分变成更标准化的提醒，另一部分变成系统的底层逻辑不再提醒。这样在每一个单上、每一类单上、每一个客户的单上不断重复，客服人员以系统的三类任务为工作内容，以处理完任务并且不断沉淀拆分成新的标准为目标，持续迭代，最终系统的判定能力将越来越强，人的效率越来越高，从人均四五单每天的跟单量增加到上百单每天，加上机器人辅助后可达更多单量，而且服务标准还能持续沉淀为企业的竞争力。

（5）系统结算的财务能力，之所以称为财务能力，是因为虽然说是系统结算，但是实际上是一个财务精算的逻辑，而且要将财务精算的逻辑完全沉淀到系统的流程中去，整个系统结算的机制才能形成。系统结算就是从项目额度到四段款再到开票和核算等细节，这个和标准化服务能力的运营逻辑是一样的，就是基于这套财务核算机制，让所有的业务完全按照流程走，然后再不断加入内控和标准，持续迭代就能成为非常有效率的一项能力，一天清算数亿元应该都是很顺畅的。这个内控指的就是合规，不管是定价的合规还是一些异常款的合规，这是要持续去做的事情，有很多物流企业做不大，除了前面提到的很多原因外还有个很关键的原因就是不合规，太多灰色的东西充斥在各个流程，老板想变没用，所有人都不想变化，因为都是动利益的事情，所有公路运输企业的合规是持续要优化和做的事情。标准和合规是一个话题，角度不同，就是通过系统结算对数据的不断沉淀，去形成各种资金的名录类别，以及资金的结构构成和绝对值的标准，这就不是深度运营所能达到的，而是精细化运营方能实现和沉淀的，目前“好多车”在这一板块正走在深度运营到精细化运营的路上，还需要更多的数据模型来喂养整个体系才能不断迭代升级到这一步。

网络货运的数字化运营是非常有意义的，但是又是一件非常精细化和需要长期投入的事情，企业一定要深刻认识到对自身的价值，方能持续投入，这样才能通过运营提升效率。

对企业来说，从竞争环境而言，因为网络货运的推动，从线上化、标准化，再到规模化，行业竞争的变化对于不同规模的企业挑战是不一样的，我们就从小型企业、中型企业、大型企业三种不同类型企业面临的挑战来分析。

对于小企业而言最大的挑战是如何守住现有的业务，这应该是目前很多小企业的焦虑点了。中国改革开放这四十多年来，经济高速发展，物流也紧随其后，很多的小企业如雨后春笋一般出现在行业竞争中，有些可能就是因为认识某个有物流需求的甲方就可以成立个公司接业务，有些可能就是认识一些行业内的人就做个中介接业务，而有些可能就是对某一块业务比较熟悉，能出方案就可以接业务，还有一些可能就是买了几台车就可以注册个公司接业务了，总之，大部分小企业都是基于某一个小的点就成立了，并且基于中国这些年的发展红利还都活了下来，不少还都赚到了很多钱。如今，竞争环境发生了非常大的变化，只是提供单一和简单的服务已经不再像以前一样能获取到那么高的回报率了，而规模又上不去，开始出现赚的钱已经养不活自己的企业，更别说发展了。所以如今这个局面对于行业内各种群体的小企业而言是非常难的，借助网络货运的推动，这个“难”会变得更加严峻，必须要主动拥抱，做出调整。基本判断就是小企业只有两个方向适合调整，一个就是往小而美的方向走，基于企业自身发展情况判断最大的优势点，聚焦发展并且放大，形成企业单点的竞争优势，这样一定是可以活得更好的。另一个就是必须注重数字化，未来很多的生意将不再来自线下，而是来自线上甚至来自一些生态，交互方式一定是数字化的方式，所以一定要提前借助数字化运营去标准化自身的流程和操作，好让自己能对接到以后更多的生意中去。

对于中型企业而言，具象化一点就是年营业额在一亿元左右的这个群体，转型既不会像小企业一样灵活，又不能像大企业一样有资源，在今天这样一个行业变革的窗口期，转型是要非常谨慎的，没有特别明确的建议，要基于企业的实际情况而议，但是可以非常明确的一点就是，一定要加速转型，主动拥抱网络货运，主动拥抱行业变化，未来三五年，故步自封不做调整的企业大概率是要走下坡路甚至退出历史舞台的。

对于大型企业而言，今天的变革局面肯定是大机会，从 2014 年开始，行业通过各种模式的迭代，从车货匹配 O2O 的疯狂开始，到 2017 年左右彻底熄火。今天我们看到的行业内的变化已经不再是纯模式的 PK 了，基本都是一些大企业的深度运营或者兼并重组在唱主调。今天网络货运对于绝大部分有运输类业务的企业而言都是机会，而且切入点非常清晰，通过系统的承载，深度运营，是可以重构企业内部流程，实现标准化作业，最终形成企业自身的核心竞争力，更关键的是基于企业已有的规模，在网络货运的重度运营的推动下，必将快速扩大企业的规模并提高服务能力，精细化地运营、整合好资源，既能降低企业自身的成本，还能让标准化的服务成为企业竞争力，去获取更多的业务，那么企业的转型变革就算走通了。

网络货运对于行业的价值从企业这个视角而言，不管是小、中型企业还是大型企业，都是一个很好的变革的契机。网络货运能给行业带来变化的最大的价值将是加速行业变化，对于此，我们是非常乐观的。变化已来，唯有拥抱，期待更多企业关注网络货运，并且投入到运营中，特别是深度运营和精细化运营，培育运营团队，注重数字化投入，坚定走好数字化运营之路。

（好多车　杨叶龙）

电子仓单在大宗商品中的运用价值

全球每年大宗商品的产出值为10万亿~20万亿美元，占世界GDP的比例接近20%，大宗商品市场对上下游的产业链影响巨大，并且通过资本市场、利汇率市场、船运市场等充分传导。中国拥有接近14亿的人口，占世界20%的人口比例，并且已经逐步进入后工业化时代，各类大宗商品的消费为全球的10%~50%。

在现有大宗仓储环节，物流服务商分散，管理水平参差不齐，现货、存货凭证不规范，没有统一的标准，导致单货不符现象频发，存货安全性无法保障，提货权缺少透明的过程支撑。在交易交付环节面临货不对板、一货多卖、付款和交货存在时间差等风险，买卖双方互信难。在金融环节，上海钢贸案、青岛港德正系骗贷案等事件暴露的信用风险问题仍然困扰着行业，货物确权存在技术难度，仓储环节控货缺乏信用，且难以防范重复质押，导致流通商虽然有强烈的融资需求，却面临融资难的困境。

大宗商品是产业链的源头和产业供应链的基础，中国作为世界第一大工业国，制造业发达，在主流工业产品领域中，民营实体制造业占据了相当大的份额。当下，我们正处在新一轮产业技术革命的初期，由宏观到微观，从国家经济持续发展、产业转型升级，以及从企业转型发展、高质量发展的角度，都亟须构建新的产业互联网发展模式，实现从大宗商品到产业末端的全产业链供应链协同。从物的变化角度，可以看到大宗商品在产业链中流通，实现了产品形态的不断变化，最终直接或间接流向终端消费市场或服务市场，价值不断增长。而金融作为产业供应链的核心内涵之一，如何发挥动产的融资属性，帮助供应链系统高效化，仓单是一把开启大宗商品供应链协同的重要钥匙。

提升我国的产业供应链水平已经成为政府制定的国家战略。当下，我国民营产业集群普遍处在转型困难期，面临市场、技术、管理、人才、供应链、金融等诸多资源瓶颈，金融无疑是催动产业转型、供应链提升的基础资源。在产业链中，基于物权的仓单质押融资等产品有其广泛的应用市场空间和场景，能够精益化、精准化构建产业金融通道，助力企业发展、产业升级，催动产业互联网新模式的形成。

要破解大宗商品物流、贸易和金融的问题，实现四流合一的关键是仓单。而如何打造被市场和金融机构接受的仓单是重中之重。标准仓单之所以效力高是因为期交所用公权力作担保，相比之下，一般的仓储企业推出的仓单没有公权力作担保，如何提升这张仓单的效力呢？建立数字化仓库可以提供有效的解决方案，即通过 WMS 和 IoT 来获取仓储各环节的行为数据，这些数据生成的电子仓单架设在区块链上，并且区块链的存证平台要连接互联网法院，从而实现仓单在区块链上的全生命周期管理。只有以这个结构生成的区块链电子仓单才是一张有较强效力的物权凭证，加上仓库的仓储管控体系和经验，就有机会生成最接近期交所标准仓单的放心仓单，有了这张放心仓单就可以有效实现仓单的法定功能——提货、转让和质押。

很多企业在仓单融资方面进行尝试，也有不少成功的案例，由中储股份和京东数科合资成立的公司，中储京科供应链管理有限公司搭建的大宗商品协同服务平台（以下简称“货兑宝平台”），基于京东数科区块链 BaaS 平台，搭建大宗现货电子仓单系统，实现电子仓单的全生命周期管理。通过区块链技术，平台将用户的关键操作和关键单据上链，存证信息直连广州互联网法院“网通法链”和北京互联网法院“天平链”，可保障电子仓单的安全性、唯一性、开放性、防篡改、可追溯，结合物联网技术，可确保仓库开具电子仓单的真实性和权威性。参与方共同约定的业务规则、封闭的仓单流转环境，再结合基于区块链智能合约的电子仓单管理系统，可极大限度保障仓单的真实性、唯一性、可追溯性，以解决一货多卖、重复质押问题，并在参与方中实现互信。货兑宝平台和中国建设银行搭建联盟链，基于区块链的电子仓单质押业务已在青岛落地，为中小企业解决融资难、融资贵的问题。

未来，社会和经济会朝着互联互通、多元化、敏捷化、智能化、精益化的方向快速发展。工业互联网、产业互联网将与国家的主权数据平台一起构建未来的产业基础设施，也将全面进入数字化经济的新时代。数字化经济的基础产品将帮助金融更加“扁平”，更加贴近真实的需求，而电子仓单、电子运单等将成为数字化金融的基础产品。通过应用区块链电子仓单，能为生产型、贸易型民营中小微企业提供低门槛的融资产品，拓展银行的服务能力，提升其支持实体民营经济发展的水平，更好地在新冠肺炎疫情之下做好“六保”“六稳”工作，帮助民营企业渡过难关，提升产业链的活力和发展水平，具有丰富的经济和社会效益。

（中储京科供应链管理有限公司　高啸宇）

“10 秒过磅、司机秒收运费”，G7 智慧场站让效率提升十倍

大宗商品处在整个生产资料供应链最上游，物流领域 70% 的运力分布在大宗商品运输，而大宗商品运输中 70% 以上是资源类商品运输，例如煤炭、钢铁等。而在这些行业的运输环节中，有非常多可以提升效率的切入点，例如解决无法及时找到运力、厂区门口排队、卸货等待时间长、运费结算混乱等问题。

物联网、大数据等新兴技术在物流领域的落地，从底层实施层正向升级，为行业带来一场效率提升的革命。“G7 首个网络货运无人值守磅房”落地内蒙古鄂尔多斯伊金霍洛旗，通过车牌自动识别司机、车辆、货物信息，并将地磅与网络货运系统连通，实现 10 秒入场、自动调度、实时结算。

传统运输模式下，货主企业对运力的掌控力很薄弱，大部分情况还是通过人力来调配，效率非常低。司机找货的渠道也有限，通常也是通过人脉，导致信息滞后、效率低下、成本浪费。如今司机通过手机扫码就可以随时接单，货主可以第一时间找到合适的车辆，司机也可以合理规划自己的运输任务。过磅等待时间由 3 分钟缩短至 10 秒，司机无须下车验证单据，大大提升了车辆周转效率，降低等待造成的时间成本和运费成本。另外，司机目前结算运费的方式还较混乱，有微信转账、现金结算、银行转账等。经矿区调研发现，有的司机由于运费结算问题和财务人员沟通 1 个小时无果。票据复杂、运费结算费时费力，给双方都带来很多不必要的麻烦。而如今通过网络货运平台，司机从接单开始，全部的运输轨迹、操作节点都自动上传至平台，当运输任务完成后，系统自动结算运费，在提升效率的同时，减少人工操作的成本。

G7 利用物联网技术，通过自动识别车牌和装卸货，并实现地磅称重与网络货运系统连通，解决煤炭行业公路短途运输效率问题。据现场测算，G7 无人值守磅房上线后，单车过磅时间由 3 分钟缩短为 10 秒，效率提升约 17 倍；集运站装卸货车辆由每天 300 辆提升至最多 900 辆，吞吐量提升约 2 倍；司机通过手机接单，即到即入，节省大量排队时间。

司机和车辆作为物流最基本的要素和单元，是物流行业智能化升级的关键。解决了基本单元轨迹和状态的可视化、信息交互等，对物流全程智能化则

意味着更高的效率和更优的成本。当 IoT 渗透到物流环节实施层的各个节点时，系统可以精确地感知车辆位置、货物状态，在服务层通过网络货运平台对车辆进行合理调度，管理油耗，规划线路，缩短排队等待时间，保障人、车、货在途安全；单据线上化管理，实时结算，为大宗商品的运输效率和交付质量提供有力的保障。G7 通过物联网在行业底层的接入，整合行业生态链内各个层级，促进大宗物流体系不断升级。随着 G7 智慧场站的逐步完善和行业应用案例效应逐步释放，其在物流行业的应用将更加广泛和深入，精准解决物流行业不同场景不同应用的痛点，助力行业精细化运营乃至物流的数字化发展。

下一步，G7 网络货运将在内蒙古乃至全国大力推广智慧场站，发挥 G7 作为产业平台的连接作用，带动煤炭运输行业智慧化升级。同时，G7 将与煤炭行业上下游企业在技术建设、网络货运、物流管理、供应链金融等方面广泛合作，实现从煤矿坑口到物流园区，再到集运站台的全链条协作，赋能更多煤炭企业实现技术提升、降本增效，为行业发展和地区建设作出积极贡献。

（北京汇通天下物联科技有限公司　高倩茹）

附录1　物流诚信共享信息构成要素及交换要求

1　范围

本标准规定了物流诚信共享信息的要素构成和共享信息交换基本要求。

本标准适用于中国物流与采购联合会信息平台与其他物流信息平台间诚信共享信息的交换及使用。联合会分支机构的信息平台诚信共享信息交换亦可参照执行。

2　规范性引用文件

下列文件对于本文件的应用是必不可少的。凡是注日期的引用文件，仅注日期的版本适用于本文件。凡是不注日期的引用文件，其最新版本（包括所有的修改单）适用于本文件。

GB/T 18354 物流术语

3　术语和定义

GB/T 18354 界定的以及下列术语和定义适用于本文件。

3.1　物流平台　logistics platform

能够支持或者进行物流服务供需信息交互、交换、交易的网站。

注：包括物流信息平台、物流交易平台、移动终端应用等。

3.2　物流参与者　logistics participants

通过物流平台发出或接收物流需求，提供或接受物流服务的自然人、法人和其他组织。

注：包括法人和其他组织内部参与此项活动相关的管理人员、操作人员、司机等。法人和其他组织，本文件统称企业；管理人员、操作人员等自然人，本文件统称个人。

3.3 物流诚信 integrity of logistics participants

在物流活动中，物流参与者履行约定条款的行为。

4 共享信息的要素构成

4.1 共享信息范围

4.1.1 物流诚信共享信息是指由政府部门公开的不诚信及违约信息，以及物流参与者违反了事先约定的契约条款的违约信息。

4.1.2 政府部门公开的不诚信及违约信息的内容及格式要求，可沿用公开信息的部门要求。

4.2 物流诚信共享信息的描述内容

4.2.1 上传者的信息

上传者的信息应至少包括以下内容：

——交换共享信息的平台（或企业）名称；

——交换共享信息的平台（或企业）名称的组织机构代码/社会信用代码；

——交换共享信息的平台（或企业）工商注册号/社会信用代码：按照工商执照填写；

——交换共享信息的平台（或企业）联络人姓名；

——交换共享信息的平台（或企业）联络人的联系方式；

——交换共享信息的时间。

4.2.2 交换的共享信息内容

4.2.2.1 企业的违约信息

企业违约信息应至少包括以下内容：

——违约企业名称；

——违约企业工商注册号/社会信用代码；

——违约企业的法定代表人；

——违约企业联系人；

——违约企业联系人的联系方式；

——违约合同号（订单号、运单号）或名称；

——违约合同中约定条款描述；
——违约事件（行为）描述；
——违约证据；
——违约类别（参见附录A）。
违约事件（行为）描述应至少包括：
——事件发生的时间；
——事件发生的地点；
——违反合同（订单、运单）的事件描述。

4.2.2.2　司机的违约信息

司机违约信息应至少包括以下内容：
——违约司机姓名（应与身份证姓名相一致）；
——违约司机身份证号（应与身份证姓名相一致）；
——违约司机联系方式；
——违约司机所开车辆牌照号；
——违约合同号（订单号、运单号）或名称；
——违约合同中约定条款描述；
——违约事件（行为）描述；
——违约证据；
——违约类别（参见附录A）。
违约事件（行为）描述应至少包括：
——事件发生的时间；
——事件发生的地点；
——违反合同（订单、运单）的事件描述。

4.2.2.3　个人的违约信息

个人违约信息应至少包括以下内容：
——违约人姓名（应与身份证姓名相一致）；
——违约人身份证号（应与身份证姓名相一致）；
——违约人联系方式；
——违约合同号（订单号、运单号）或名称；
——违约合同中约定条款描述；
——违约事件（行为）描述；
——违约证据；
——违约类别（参见附录A）。
违约事件（行为）描述应至少包括：
——事件发生的时间；

——事件发生的地点；
——违反合同（订单、运单）的事件描述。

5 共享信息交换基本要求

5.1 信息交换基本原则

信息交换基本原则应包括：
——契约责任原则；
——信息真实原则。

5.2 信息交换责任及要求

信息交换责任及要求应包括以下内容：
——共享信息的平台应负责共享信息的展示及维护；
——共享信息的上传者应对共享信息的真实性负责；
——共享信息的平台与共享信息的上传者应在共享信息的共享时间、关闭时间及相应的信息维护等方面在信息共享前达成一致意见。

5.3 交换上传信息的格式

交换上传信息的格式宜采用电子数据交换（EDI）。

附录A
（资料性附录）
违约分类表

违约分类见表A.1。

表A.1　　违约分类

序号	类型	说明
1	结算延迟	承运方按约定完成物流服务后，委托方未按约定期限结算，如延期对账、延期付款等
2	结算方式变更	承运方按约定完成物流服务后，委托方未按约定方式结算，如使用承兑汇票、油卡、券、实物等
3	运费克扣	承运方按约定完成物流服务后，委托方未按约定足额结算，以各种理由和科目克扣运费，如带路费、卸车费、洗车费、停车费等
4	信息费欺诈	确认合作后，在承运方未有失信行为前提下，委托方原因造成承运方无法承接，并且委托方不退返信息费
5	信息欺诈	确认合作后，在承运方未有失信行为前提下，委托方未提前告知，导致承运方到达后货物品种、数量、目的地、提货地等信息变更，包括违禁品未申报等
6	延迟配货	按约定达成合作后，委托方未按约定进行配货装车，导致承运方等待
7	延迟卸货	承运方按约定到达目的地后，委托方未按约定安排卸货或延迟卸货
8	拒载	与委托方约定合作后，承运方未提前协商通知，无正当理由，不执行运输任务
9	骗货	承运方发生骗货行为
10	押货	与委托方约定合作后，承运方未提前协商通知，无正当理由押货，强制要求加价、变更结算时间、变更结算方式等
11	货损	因承运方故意或过失导致货物的损坏等
12	货差	因承运方故意或过失导致货物的遗失、短少、灭失等
13	延迟送达	确认合作后，承运方未按约定时限、地点完成运输
14	延迟提货	确认合作后，承运方未如期提货
15	其他违约情况	不属于上述类型的其他违约事件

附录 2　网络货运平台服务能力评估指标

1　范围

本标准规定了网络货运平台服务能力评估内容和评估指标。

本标准适用于网络货运平台的服务能力测评。

2　规范性引用文件

下列文件对于本文件的应用是必不可少的。凡是注日期的引用文件，仅注日期的版本适用于本文件。凡是不注日期的引用文件，其最新版本（包括所有的修改单）适用于本文件。

GB/T 18354　物流术语

GB/T 23020　工业企业信息化和工业化融合评估规范

GB/T 24661.3　第三方电子商务服务平台服务及服务等级划分规范第 3 部分：现代物流服务平台

3　术语和定义

GB/T 18354、GB/T 24661.3、GB/T 23020 界定的以及下列术语和定义适用于本文件。

3.1　网络货运平台　network freight transport platform

依托互联网平台整合配置运输资源，以承运人身份与托运人签订运输服务合同、承担承运人责任，委托实际承运人完成运输服务的物流平台。

4 网络货运平台服务能力评估指标

网络货运平台服务能力评估指标见表1。

表1 网络货运平台服务能力评估指标

一级指标	二级指标	三级指标
平台基本信息（权重10%）	经营情况（分值40）	平台营业收入（分值10）
		平台运费收入（分值20）
		平台运营时间（分值10）
	业务情况（分值60）	货运（周转）量（分值15）
		运单量（分值15）
		平台注册车辆数（分值10）
		活跃车辆数（分值10）
		业务覆盖面（分值10）
平台服务能力（权重30%）	交易功能（分值60）	服务完整性（分值10）
		运力需求匹配率（分值15）
		合同签订及功能（分值10）
		支付结算（分值10）
		大数据整合应用能力（分值15）
	客服功能（分值30）	咨询服务（分值10）
		投诉通道（分值10）
		投诉处理率（分值10）
	客户满意度（分值10）	客户满意/投诉率（分值10）
系统支撑能力（权重15%）	系统性能（分值70）	系统可靠性（分值20）
		系统可用性（分值20）
		系统安全性（分值30）
	数据管理能力（分值30）	数据存储及备查管理能力（分值30）
平台管理能力（权重30%）	平台制度（分值25）	管理制度（分值15）
		合规性审查（分值10）
	安全管理（分值15）	安全查验（分值10）
		安全培训（分值5）
	业务管理（分值30）	单据接入正常率（分值5）
		运单与资金流水单匹配率（分值10）
		车辆资质符合率（分值10）
		车辆定位正常率（分值5）

续　表

一级指标	二级指标	三级指标
平台管理能力（权重 30%）	信用评价（分值 10）	信用评价体系（分值 10）
	创新管理（分值 20）	研发人员人数及占比（分值 10）
		研发投入及占比（分值 10）
安全与风险管理能力（权重 15%）	安全管理（分值 50）	用户信息保护及使用（分值 30）
		应急管理（分值 20）
	风险控制（分值 50）	支付安全（分值 30）
		保险覆盖率（分值 20）

5　网络货运平台的服务能力评价方法

能够全面、系统反映网络货运平台服务能力，对于具备一定服务能力的网络货运平台，按评估指标分为 AAAAA、AAAA、AAA、AA、A 五个等级。AAAAA 最高，依次降低。

附录A

（规范性附录）

网络货运平台服务能力评估指标中各评分项说明

注：所有评估指标以申报年份上一个自然年数据为准（特殊说明除外）。

A.1　平台营业收入：平台全年营业收入。

A.2　平台运费收入：网络货运平台实际承运运单中的运输费用总和。

A.3　平台运营时间：平台（网站）的运营时间，以网站域名注册时间为准。

A.4　货运（周转）量：网络货运平台实际承运货物量（吨）和货运周转量（吨公里）。

A.5　运单量：网络货运平台实际承运运单总数。

A.6　平台注册车辆数：在网络货运平台上注册的车辆总数。

A.7　活跃车辆数：在网络货运平台上发生过交易记录的车辆数。

A.8　业务覆盖面：业务辐射范围及服务省份数量，分为全国、区域、省（自治区、直辖市）内（城配平台在多个城市开展服务的，按开展服务的省份界定业务覆盖面）。

A.9　服务完整性：提供完整的服务内容，包括信息发布、线上交易、金融支付、全程监控、信用评价、咨询投诉、查询统计等。

A.10　运力需求匹配率：网络货运经营者实际完成运输的运单占网络平台发布货源信息数量的百分比。

A.11　合同签订及功能：网络货运平台具有在线签订电子合同的服务及功能。

A.12　支付结算：具有在线支付功能，支持多种在线支付方式。

A.13　大数据整合应用能力：能有效整合平台数据，运用历史数据建模分析，用于支撑产品设计，辅助决策。

A.14　咨询服务：提供电话、网络、新媒体等服务方式，在显著位置公示服务途径及联系方式，并提供7×24小时客户服务，向用户公示。

A.15　投诉通道：提供多种投诉通道，并具有完善的投诉处理机制。

A.16　投诉处理率：平台已处理且可追溯投诉记录与平台历史投诉记录之比。

A.17　客户满意/投诉率：客户评价满意（投诉）的运单数量占网络平台完成运单量的百分比。

A.18　系统可靠性：一年内系统无差错运行时间。

A.19　系统可用性：系统简洁美观，响应速度快，简单易操作。

A.20　系统安全性：计算机防病毒体系建设情况和网络入侵防护措施等，并取得相应等级的信息系统安全等级保护备案证明。

A. 21　数据存储及备查管理能力：建立基础信息资源库且保存 3 年以上，具有依法查询、调取相关数据信息的功能设计、工作制度和责任机构、责任人以及联系方式，相关涉税资料（包括属于涉税资料的相关信息）应保存 10 年。

A. 22　管理制度：建立培训、业务、客户、安全、档案、数据等管理制度。

A. 23　合规性审查：网络货运平台是否对自身相关业务进行合规性审查。

A. 24　安全查验：对在平台注册的主体（人、车、户）进行身份核查，并督促实际承运人实行安全检查制度，对货物进行安全检查并如实记录托运人身份、物品信息等。

A. 25　安全培训：定期组织安全培训等教育活动。

A. 26　单据接入正常率：网络货运经营者按相关技术规范要求填报的单据数量与单据总数之比。

A. 27　运单与资金流水单匹配率：资金流水单中托运单号与对应运单比对匹配一致的单据数量与总单据数之比。

A. 28　车辆资质符合率：取得《道路运输证》且在有效期内的车辆数与网络货运经营者整合货运车辆总数之比。

A. 29　车辆定位正常率：运行信息匹配的运单数与网络货运经营者整合的重型货车完成的运单总数之比（12 吨及以上）（若定位存在缺失，至少有两种以上定位交叉验证，手机、ETC 等）。

A. 30　信用评价体系：建立用户信用评价体系，包括运输效率、运输安全、操作规范、客户满意度等。

A. 31　研发人员人数及占比：网络货运平台企业研发人员总数及所占员工总数的比例。

A. 32　研发投入及占比：网络货运平台企业研发投入及所占企业营业收入的比例。

A. 33　用户信息保护及使用：系统公示对用户信息隐私保护的承诺，并采取相关技术和管理手段保证数据安全性，同时制定数据授权规则、明确数据使用内容、用途和操作权限。

A. 34　应急管理：建立相关应急预案。

A. 35　支付安全：具有支付安全应急管理机制及措施。

A. 36　保险覆盖率：购买保险种类覆盖平台所涉及的业务情况（包括货主方购买）。

参考文献

[1] GB/T 19680—2013　物流企业分类与评估指标

[2] GB/T 37503—2019　物流公共信息平台服务质量要求与测评